千年筆記

永恆的光

戊戌初春

陸春祥

陆春祥
——
著

名家带你读笔记

青少年版

相看

浙江科学技术出版社

图书在版编目（CIP）数据

名家带你读笔记：相看：青少年版 / 陆春祥著
. -- 杭州：浙江科学技术出版社，2018.4
　ISBN 978-7-5341-8150-4

Ⅰ.①名… Ⅱ.①陆… Ⅲ.①中华文化—青少年读物
Ⅳ.① K203-49

中国版本图书馆 CIP 数据核字 (2018) 第 046235 号

书　　名	名家带你读笔记：相看（青少年版）
著　　者	陆春祥

出版发行　浙江科学技术出版社
　　　　　杭州市体育场路 347 号　邮政编码：310006
　　　　　办公室电话：0571-85176593
　　　　　销售部电话：0571-85176040
　　　　　网址：www.zkpress.com
　　　　　E-mail：zkpress@zkpress.com
排　　版　南京观止堂文化发展有限公司
印　　刷　浙江新华数码印务有限公司

开　本	880mm×1230mm	印　张	5.125	
字　数	100 000			
版　次	2018 年 4 月第 1 版	印　次	2018 年 4 月第 1 次印刷	
书　号	ISBN 978-7-5341-8150-4	定　价	25.00 元	

版权所有　翻印必究
（图书出现倒装、缺页等印装质量问题，本社销售部负责调换）

责任编辑　杜宇洁　　　　　　　责任校对　陈宇珊
责任美编　金　晖　　　　　　　责任印务　叶文炀
装帧设计　观止堂_未氓　朱璇

序言
我们向千年笔记学什么？

先明确一下，什么是笔记。

笔记是中国古代除诗赋以外的一种传统文体，源于先秦两汉，兴于魏晋南北朝，唐宋时已经非常成熟，元明清时已臻极盛。笔记，大多信笔为之，叙事、抒情、议论杂糅，篇幅长短不一，以短小居多，内容几乎包罗万象。

历代笔记，虽数不胜数，但大致可分小说故事、历史琐闻、考辨考据三大类。历朝历代的社会风尚、典章制度、民众疾苦、诗文书画、历史事件、科技记录，都有十分详细的记录。各类人物，各种宗教，就连那些鬼神精怪的故事，也都有言外之意，为后世的小说和戏曲提供了丰富的素材。

比如宋代，宋代文化超前发达，笔记种类繁多。《宋史·艺文志》就记载，小说、传记、故事、杂类多达1126部，除去一些不属于笔记类的，宋人笔记就不下700部。宋代笔记，历史琐闻一类最发达，且好多都是记叙本朝的轶事和掌故，如洪迈的《容斋随笔》，周密的《武林旧事》《齐东野语》《癸辛杂识》，欧阳修的《归田录》等，内容都较为真实，都是正史的有益补充。宰相李昉等人编的《太平广记》，就是国家组织的重点图书编撰工程。

一切历史都是当代史。那些笔记作家，在用毕生的经历，告诫我们，谆谆教导。因此，历代笔记里，现实的影子，甚至我们自己的影子也无处不在。

笔记和我们的语文学习，至少在两点上，关系非常直接：

第一，迅速提高阅读素养。

历代笔记内容丰富，保存了许多可贵的材料，有文学价值（如数量丰富广为流传的唐传奇）、历史价值，每一个朝代，都有不少可取作品。而且，笔记作者所用的文字，大多浅显明白，阅读没有太大的障碍，借助一些字词典，完全可以自主阅读。如刘义庆的《世说新语》，蒲松龄的《聊斋志异》等。

第二，写作借鉴，形成自己的风格。

笔记记叙随意，毫无拘束，所以常常写得活泼生动，亦庄亦谐，趣味横生，和一般经典板着脸决然不同，作者的学问、见识，也常常在不经意间表达出来。比如苏轼的笔记《东坡志林》，张岱的笔记《陶庵梦忆》等。有些笔记，本身就蕴含着极大的机巧，比如前几年根据唐代笔记作家裴铏作品改编而成的电影《聂隐娘》，主要情节全搬。

笔记给了中国文人许多营养，林语堂主张闲适，他的散文就有笔记的风格，而鲁迅认为闲适还稍嫌不够，就有了他自己独特的杂文，周作人认为晚明的笔记小品和五四新文学运动很相似，汪曾祺的散文就直接得益于晚明的"直抒性灵、不拘格套"。

从营养学角度说，要想健康成长，必须杂食，吃更多的五谷杂粮，而中国历代千年笔记中，就有足够丰富的各种营养素。

去粗取精，让千年笔记的永恒之光，照耀在你前程似锦的书页上。

目录

卷一　先吃三口淡饭

清廉的母亲 ………………… 3
筷子代表正直 ……………… 5
记恶碑 ……………………… 6
母子父子心连心 …………… 8
陈姓大家庭 ………………… 10
父睡婢睡 …………………… 12
败家子戒 …………………… 14
要好看 ……………………… 15
上天给的养老钱 …………… 17
屋下面有宝 ………………… 20
两义士 ……………………… 22
先吃三口淡饭 ……………… 25
父母坟前树成荫 …………… 27
彭泽的父亲 ………………… 29
于令仪善待小偷 …………… 31

卷二　睡觉时胡须放什么地方

裴县令妙计还牛 …………… 35
窦公的生意经 ……………… 37
巧判兄弟分家 ……………… 40
睡觉时胡须放什么地方 …… 42
睡眠方子 …………………… 44
刀为什么会折断 …………… 45
馄饨方子 …………………… 47
俩瞌睡虫 …………………… 48
草鞋大王 …………………… 50
背小虎渡水 ………………… 52
长途运鱼苗 ………………… 53
装鬼偷葡萄 ………………… 55
要打官司明日来 …………… 57
审筐审小牛 ………………… 59
秘方 ………………………… 61

卷三 省油灯

- 落苏和蜂糖 ………… 65
- 省油灯 ………… 66
- 九九谚 ………… 67
- 宋朝名牌 ………… 69
- "坐鱼"三斤 ………… 71
- 宋代洒水车 ………… 73
- 吃的学问 ………… 75
- "池鱼"不是鱼 ………… 77
- 冬春米 ………… 79
- "不借" ………… 81
- 敲钟的数字 ………… 82
- 吃墨水 ………… 84
- 草青与九白 ………… 86
- 里程记数器 ………… 88
- 吹泡泡 ………… 90
- 者者居 ………… 92
- 为何称物为"东西" ………… 93
- 杭州地名雅对 ………… 96

卷四 有思想的少年

- 牛吞衫 ………… 103
- 为袍所累 ………… 105
- 头上有个包 ………… 107
- 有思想的少年 ………… 108
- 欹器(不倒翁)诫 ………… 110
- 长啸之法 ………… 112

- 感恩为相 ………… 114
- 不要小报告 ………… 116
- 天下第一乐 ………… 117
- 一事藏三十年 ………… 118
- 闲日子如何打发 ………… 120
- 投黑豆自警 ………… 121
- 少一个"圣"字还了得 ………… 122
- 性格官员吴献臣 ………… 123
- 誓俭草 ………… 125

卷五 文章立意如金钱

- 书换铜器也不能吃 ………… 129
- 爱读书的宋真宗 ………… 131
- 孙莘老读书 ………… 132
- 校对如扫尘 ………… 134
- 监狱中的阅读 ………… 136
- 文章立意如金钱 ………… 137
- 张九成读书 ………… 138
- 读雕版 ………… 140
- 错了敲你头 ………… 142
- 鼻端的墨迹 ………… 144
- 强记和连读 ………… 146
- 凿井和塑像 ………… 148
- 一刻千金 ………… 150
- 历书奇迹 ………… 151

我们来打个赌(代后记) … 153

卷一

先吃三口淡饭

立德

清廉的母亲
记恶碑
陈姓大家庭
败家子戒
上天给的养老钱
两义士
父母坟前树成荫
于令仪善待小偷

筷子代表正直
母子父子心连心
父睡婶睡
要好看
屋下面有宝
先吃三口淡饭
彭泽的父亲

见贤思齐,见到品德高尚的人就要向他(她)看齐。品德是抽象的,但显示品德的细节却无限鲜活而真实:母亲的清廉;别人的钱坚决不能要(《上天给的养老钱》《屋下面有宝》);得了便宜,一定要偿还(《两义士》);生活处处都要自省(《要好看》);即便日常用的筷子也有学习的地方(《筷子代表正直》);坏事坚决不能做(《记恶碑》)。

学习一切可以学习的品德好榜样。

立了德,你就能行之远方,很远的远方。

清廉的母亲

监察御史李畬，他的母亲，对公家事私人事，分得清清楚楚。

有一天，仓库派人将李畬的俸禄米送到他家，李母自计量，发现多了三石。她就问原因：为什么会多出三石呢？送米小吏答：送到其他御史家的米，也是这样的。她又问：送米来的车钱要多少？小吏又答：送其他御史家的车，也不用钱的。李母一听，大怒，立即让小吏将剩米及车钱带回，并且责问儿子。李畬核查了此事，于是追究了仓库相关管理人员的责任。

其他的御史，听说李母退回剩米及车钱，都很惭愧。

这真是一位廉洁的母亲。

御史是纪检监察官员，职责就是监督管理，但在利益面前，谁都要接受考验。

仓库管理人员本想讨好纪检官员，米，多个几百几十斤，还白送到家。对那些惯揩公家油的部门和官员来说，这都不算什么事。而且，从小吏的行为看，这已经是惯例了，因为别的御史家都接受了，没什么不妥。

可是，李母不这么认为。公家的东西，不能揩一分一厘。你今天揩了油，明天就会成惯例，后天就会揩十分十厘，没有人追究,大后天就会揩百分百厘,再侥幸过关,大大后天就会揩千分千厘。这就是人性贪欲的规律。

李母在具体利益前的实际行动,对所有的大小官员来说都具有警示作用。不仅是发放俸禄,只要是有行使公权力机会的人,都应该对照自身,连俸禄米都不能多要,其他不该得的财,尤其是违法乱纪伤人害理的不义之财,更不能要。

在某种意义上,李母仍然是在履行教子的责任。无论孩子年纪多大,官做得多高,百善孝为先,母亲的话仍然要听,必须要听。

严母出孝子,这种孝不仅能长期侍奉双亲,更能明哲保身。

(出自唐·张鷟《朝野佥载》卷三)

筷子代表正直

宋璟做宰相时，上下都有好评。

有年春天，御宴举行。唐明皇一高兴，将自己正在用的金筷子，赏给了宋宰相。

宋宰相虽然接受了赏赐，但心里并不踏实，他还没有弄清楚，皇帝为什么要赏他一双筷子。所以，在宴会上，宋大人不知道如何感谢皇帝。明皇见此，笑笑说：我赐给你的，并不仅是金子，而是用筷子，代表你的正直。

噢，原来如此，宋宰相愉快地叩头致谢了。

明代以前，筷子一直叫"箸"。

筷子代表正直，估计在唐明皇以前还没有约定俗成，否则，宋大人一定知道这样的习俗。

筷子本来就是直的，用筷子的直，来代表人的正直，也是恰到好处。

当然，皇帝本来就是习俗或是时尚的创造者。汉武帝用夫人的玉簪搔搔头，于是，玉簪就流行起来。大家以为皇后都喜欢用的东西，一定是好东西，于是就快速流行，甚至带动了一个产业。

筷子天天要用，正直人人喜欢。

再插一句：筷子还有很多其他寓意，比如新婚送筷，寓早生贵子；乔迁送筷，寓好事成双。

（出自五代·王仁裕《开元天宝遗事》卷上《赐箸表直》）

记恶碑

卢奂做过很多地方的官,他在任职过的地方都留下了好名声,因为管理严格,地方上的官员和百姓都畏惧他。

看一个细节:如果有不良行为者,他一定要严加处罚,不仅如此,他还将这个人所犯的罪,刻在石头上,并将石头立在此人的家门口,告诫他,如果再犯,就处以极刑。老百姓怕了,再也没有人敢犯罪。

唐明皇为了褒奖卢奂,赐给他五千两金子,还下诏表扬,要求官员向他学习。

卢奂搞的这个记恶碑,确实厉害,效果立竿见影。

因为他抓到了人们的软肋,爱面子,谁想弄个记恶碑立在自家门口呢?门前有记恶碑,人家还会和你交往吗?人家还敢和你交往吗?人家为什么要和一个品行不好的人交往呢?更严重的是,你的孩子从此抬不起头,从小生活在阴影中,他怎么在这个地方生活下去?他长大后的性格会变成什么样?

记恶碑,其实就是一种制度,档案挂在门前,公开明白,它也是道德碑,德行碑,简明而醒目,一目了然。

那立碑后的告诫,更有一种强大的震慑作用,如果再犯,就会丧命,谁都不想丢命,那就老老实实做人吧。

告诫信号已经发出,一个村一个乡一个县,都会为这块碑而思索,不要让碑立到自己家门前,好好做个良民。

当然,记恶碑也有一个大大的坏处,就是不容许别人改正,一朝犯错,终身是罪人,而世上一辈子都不犯一点点错的人又有多少呢?都说英雄莫问出身,其中一个很重要的原因就是,成为英雄以前,有些是不能放在阳光下的丑事,甚至是可以上记恶碑的坏事。

但两害相权取其轻,卢奂清楚这个道理,唐明皇更明白这个道理,让百姓听话,比什么都重要!

(出自五代·王仁裕《开元天宝遗事》卷上《记恶碑》)

母子父子心连心

张志安,在乡里以孝闻名。有一次,张被乡长派出公干。在县里,他忽然称母亲身体不好,急忙向县长请假。县长问志安怎么回事,他回答:我母亲有病,我也生病了。刚刚我突然心痛,因此知道母亲身体不好。县长不相信,将志安关起来,并马上派人去志安老家调查,调查人回来报告,果真有此事。

不久,县长就将志安的事迹,报告给皇帝,并进行表彰。后来,志安被任命为散骑常侍。

裴敬彝的父亲被陈王典所杀,当时,敬彝在外地,突然眼泪就流下来,一点食欲也没有。他告诉人说:我父亲凡有痛处,我就会感到不安。今天我突然心痛,手脚一点力气也没有,情况恐怕不好。他急忙回家,父亲果然死亡。

孝,一直是中华民族传统伦理的重要内容。母子、父子,心连着心,痛连着痛,这样的事情,一定要作为孝来大力宣传的。

双胞胎经常会一起生病,这可能是,同卵双胞胎,基因完全相同,生长的环境相同,一起得个小感冒什么的,好像不太奇怪。

现代医学对这种现象也没有很科学的解释。

子女能感知父母的痛,一定是长期关注积累而成的。起先,父母一有痛处,子女就会心急不安,时间长了,自己也就像生病一样。就如,许多人只要父母亲身体不好,他们就会极度焦虑。

著名的成语"啮指痛心"讲的是,曾参上山打柴,家里来了客人,曾母不知所措,就用牙咬自己的手指,曾参突然觉得心疼,感觉母亲一定有事,就迅速背柴返家,跪着问母亲原因,母亲说:有客人突然到来,我咬手指是想让你知道。

偶然的预感会有,但能准确异地预知,还是有些神奇。

不过,这并不妨碍我们对孝本质的理解。

(出自宋·钱易《南部新书》卷辛)

陈姓大家庭

南唐时代，五代同堂的一共有七家，先主李昪（biàn）给他们发锦旗表彰，并免征他们的劳役。

江州（今江西九江）陈氏一家，最为典型。

这是唐代元和年间，给事中（官员）陈京的后代，老老少少加起来，一共有七百多人。陈家没有仆人，不养小老婆，上下极和睦。凡是起居漱洗、穿衣晾衣、男女教育、婚丧嫁娶，总之，吃喝拉撒，衣食住行，一律都有规章。

吃饭的时候，大家一起坐着，捧着饭，集体吃，没有成年的小孩子则另外坐。陈家有狗百余只，喂食时，都放在一条大船内进行，一只狗没有到，其他狗都不动一下嘴。陈家还建有私立学校，各地的读书人都可以来读，还会提供食宿，江南一带名士，好多都毕业于陈家大学堂。

这样的家庭极为少见。

陈家的规矩，通过狗食这个细节，表现得淋漓尽致。

是什么支撑着这个大家庭多年不散？一定有一根精神主线，这根主线就是规矩，继而演化成精神内核，严格执行，绝对不能逾越，于是代代相传。

所谓家国，家也同国，治理靠内在驱动力。

我好奇陈家后来的发展。

其实，正宗的宋史都有记载，陈家在唐代就很有名了，他们创造了332年不分家的全球纪录，宋太宗赐有对联：三千余口文章第，五百年来孝义家。也就是说，陈家最兴盛的时候，有3900多人。宋嘉祐七年（1062年），宋仁宗出于统治的需要，强行将陈家拆分，一共分为291家，于是陈家散到了全国。

呵呵，如果不拆分，陈姓就是一个王国，连皇帝的家族，都无法与之抗衡，哪朝皇帝都害怕呀。

（出自宋·文莹《湘山野录》卷上）

父睡婶睡

岭南的风俗，互相喊人，不以排行称，只以各人所生男女小名呼其父母。

元丰年间，吴处厚担任大理丞，审理宾州上报的案件时，发现下面一些有趣的名字：

百姓韦超，他孩子的小名叫首，就呼韦超"父首"。

百姓韦遨，他孩子的小名叫满，就叫韦遨"父满"。

百姓韦全，他女儿的小名叫插娘，就叫韦全"父插"。

百姓韦庶，他女儿的小名叫睡娘，就叫韦庶"父睡"，他老婆叫"婶睡"。

吴处厚，也算有心人，这也许是作家的职业敏感吧，发现了和别的地方不一样的风俗。我不知道现在这样的称呼还有没有保留着，这要语言学家研究。

中国人的称呼向来复杂，如唐宋就喜欢以数字称人：

李十二，李白。

杜二，杜甫。

白二十二，白居易。

元九，元稹。

柳八，柳宗元。

韩十八，韩愈。

秦七，秦少游。

欧九，欧阳修。

黄九，黄庭坚。

中国人的姓名真是一门大学问，上万种的姓，稀奇古怪。现代没有这样的排行了，最多李一、李二，李三就是超生，即便让你生也养不起。

杭州岳庙，岳飞像前，跪着万俟卨（Mòqí Xiè，"万俟"是以前少数民族鲜卑族的复姓），我家陆地同学跟着念了好几遍，一出门，就忘记了，常常读成 Wàn'ài Lú，怎么记也记不牢。

（出自宋·吴处厚《青箱杂记》卷三）

败家子戒

郭进造新房,落成那一天,他举行了一场宴会。

郭将造房子的各类工匠,都请到尊贵的位子上坐着。有人认为不可以,那些人只是劳动者。郭却不这样认为,他指着各位建房师傅说:这些都是造房子的。又指着他那些子孙说:这些是卖房子的,他们就不应该坐上座。

郭进这样的言论,实在是至理名言,应该作为败家子戒。

劳动者光荣,并没有什么可耻,他们靠自己的本事吃饭,理应得到人们的尊重。而郭进这些子弟呢,他们只是享受者,如果不经风雨,不经世面,一旦苦难来临,他们必定撑不住,说卖房还是轻了,说不定还会流落街头呢。

败家子,很有可能是从卖房开始的。

郭进在新房落成宴会上排座位,确实是一堂教育意义深刻的警世课。

(出自宋·朱彧《萍洲可谈》卷三《郭进戒子》)

要好看

我(孔齐)爷爷曾经告诫我说:人为了"要好看"三个字,坏了一生。

比如饮食,有鱼了,却说菜太少,还要肉;比如衣服,有破的地方,修修补补还可以穿的,却说,不好看,要做新衣服;比如房屋,应该可以居住了,也足够接待客人,却说,不好看,要重新装修。一切的一切,不是正当消费,都只是浪费财物。

我爷爷的一双鞋子,可以穿好多年,随破随补;一件白绸袄,一穿三十年;有鱼吃,不吃肉,有肉吃,不吃鱼,终生不吃更多的东西;所居住的几间房,仅够遮蔽风雨,四十多年没有改变,乡里的人都讥笑他,他毫不理会。

我们做子孙的,应当牢记爷爷的这些告诫,并将其作为祖训,传递下去。

"要好看",其实就是要面子。

中国人向来面子第一,要比别人吃得好,住得好,穿得好,当然,如果有能力,正当消费,没有人管得着。

要面子没什么不好,问题是死要面子,从古到今,饱受诟病的都是死要面子的事情。就如作者孔齐的爷爷,他其实是简单生活,他的生活也不差,只是简单而已。房有千万间，你只能睡一张床，菜有百十道，你也只有一个肚子。很多人都知道这样简单的道理，可是在物质面前，还是抵挡不住诱惑。

自古到今，从个人，到国家，到全世界，要面子，死要面子，不知害苦害惨害死了多少人。

（出自元·孔齐《至正直记》卷一《要好看三字》）

上天给的养老钱

聂以道,主政治理江右。

有天早上,他辖区某村的某菜农外出卖菜,在路上捡到十五锭钱,高兴坏了,回家告诉母亲:大喜事,捡到大钱了!

母亲一听,非常愤怒:我不相信!这钱是不是偷来骗我的?即便有遗失,也不过三两张而已,怎么会有一捆钱?我们家虽然穷,但从没用过不明不白的钱!如果我们用了这些钱,祸害马上就会来的!你赶紧送去还人家,不要连累我!

母亲再三要儿子去还钱,儿子不听,就是不听!

母亲威胁儿子:你再不听我话,我就将你告到官府!

儿子非常不情愿:捡来的钱,怎么去还人?还给谁呢?

母亲说:你就站在捡到钱的地方等,一定会有失主前来的。

儿子只好带着钱,到捡钱的地方等失主。

过了没多少时间,果然有人来寻钞票。这菜农真是很纯朴,见人寻钱,也不问问他丢了多少钱,就赶紧将捡到的钱交给他。

路人看不下去了,要求丢钱的人,拿出一点来奖励菜农。

丢钱的人小气地说:我原来丢了三十锭钱,现在他才还我一半,怎么可以奖他呢!路人多是好事者,见此情景,越发盯住丢钱人,一定要他意思意思。

一群人于是吵吵闹闹,闹到了聂以道的公堂上。

聂是个有经验的官员了,审理这样的案子,需要多方证据。

他先问村民,是怎么一回事?

村民说,是这么一回事!

他又暗地里问了菜农的母亲,母亲一五一十,和盘托出!

聂长官又问丢钱者:你是丢了三十锭钱吗?

丢钱者:千真万确!大人!

聂长官再问捡钱菜农:你是捡了十五锭钱吗?

菜农:千真万确!大人!

好的,都写下来!都签上你们的大名!

最后,聂长官对着丢钱者判决:这钱不是你的,是上天赐给贤能母亲的养老钱!你丢的三十锭钱,可以到别的地方去寻找!

十五锭钱,于是交给了菜农母子。

老百姓听说这件事后,都非常开心!

聂长官这样的判决,完全是对守法和孝顺的嘉奖。

那个失三十锭钱的人,不知道在哪儿丢了钱,但一定是在这一条路上丢的,否则,他不会这么大胆冒领,冒领也是犯罪。他的简单推理是,反正有人捡到了钱,且这个捡钱人,如此爽快,将钱还给他,那么,这钱一定就是他的。

又且，钱确实没有明显的标记。

上天不可能赐钱，那十五锭钱也一定是有失主的。这个失主，就如偶尔买了张彩票，根本不指望它中奖，或者，他没等开奖就将彩票弄丢了，丢了就丢了，反正只有两块钱。没想到，偏偏中了大奖。自然，这个奖只能算弃奖了。

不过，那十五锭钱的失主，假如再寻上门来，听说了这样的故事，也一定会感动。如果他是个不缺钱的主，那么，极有可能按照聂长官的判法，赠给这对母子。

当然，我可以断定，只要有失主上门，菜农母亲，一定会将钱还他的！

（出自元·陶宗仪《南村辍耕录》卷十一《贤母辞拾遗钞》）

屋下面有宝

东坡说，他家以前租住在眉山。有一天，两个婢女在熨帛巾，两只脚突然陷进地里，一看，深数尺，有个大瓮，上面用黑木板盖着。苏妈妈急忙让人用土填进，并整理平坦。

后来，苏家要搬房，有人想掘地挖出那个大瓮，崇德君说：假如您妈妈还健在，一定不会去挖的。苏一听，就不去挖瓮。

唐朝，浙西观察使李景逊，他母亲郑夫人早年守寡，家贫子幼，租住在洛阳城，因为古墙塌坏，发现了差不多有一船的铜钱。郑夫人焚香向天祝祷：我听说，没有功劳而获得财物，就是灾难，上天一定是嘉奖我的先夫而赐给我们这些钱的，我只希望两个孩子能学业有成，实现自己的志向，这些钱，我们不敢要。祷告完毕，郑夫人让人将那些钱又全部埋好，并修理好倒塌的墙面。

屋里有个洞，要不要继续挖？不挖，一定不是你的，挖了，就有可能是你的。但是，这些钱财确实不是你的，它们是房屋原主人留下的。甚至可能是更早的人留下的。

而且，苏妈妈对待别人的东西，看也不看，那黑木板下藏着的，十有八九是钱财，否则不会这么费心机。管他什么东西，不是咱的，坚决不要，看也不看。如果意志不坚定，说不定看了一眼后，就有可能转念。

　　苏妈妈和郑夫人，是具有中国传统美德的妇女代表，在她们的教育下，孩子都健康成长。

　　不义之财，很多人不会要，是因为，财里有义，钱财上附着隐性的道德。古人很多的财富观，都建立在义的基础上，为此，还延伸出许多的条条框框，试图对人约束。如报应说，如恒定的财富观，这些都和人的道德紧密相连。

　　那些背着各种精密仪器，整天想盗墓盗洞的，都是不劳而获的典型，吃夜草，发横财，一不小心，就掉进钱眼里，挤个半死。

（出自宋·周辉《清波杂志》卷十《东坡僦宅》）

两义士

舒城的望江，有个富翁叫陈国瑞，以炼铁起家。他曾经想替母亲找一块风水好的坟地，风水先生一下子涌上门来，但选的地，没有一块中他意的。

建宁的王生，以看风水闻名，陈家请他来选地。差不多过了一年，王才在近村找到一块，是张翁家的地。

陈国瑞在家，从来不管事，一干大小事，全都推给儿子。

王生于是和陈家公子商量，想用什么计谋将地顺利地拿到手。王分析说：你们家替奶奶选坟地，这件事情，方圆百里都知道了，如果我们讲实话，那对方一定会狮子大开口。

他们想了个办法。他们伪装成炼铁工人的模样，到张翁家，这样游说：我们是炼铁的，需要大量的木炭，我们看到，你们家山林里的木材很适合烧炭，我们想买你家的山，建窑烧炭，您答应吗？

张翁很爽快：可以啊！

过了几天，他们又到张家，送上三万钱，订下买卖合同。

这一切都做好后，陈国瑞来看山，一看很满意，马上动工，造墓建屋，一切准备停当，立即举行迁葬礼。

第二年的清明节，陈国瑞来上坟，风水先生王生和陈家公子一起陪同。陈忽然问他儿子：这山是什么人的啊？

我们买来花了多少钱？陈公子据实相告。陈国瑞又问王生：如果你们不用计谋，那价值多少呢？王生答：以当时的价格计算，即便最便宜，也需要三十万。

陈国瑞立即赶回家，让人备马，去拜见张翁，并邀请他来家做客。每天好酒好菜款待，两人聊东聊西，很投机，一连几个月，陈都没提什么事。张翁想，自己来陈家住了好久，好吃好喝，也没什么事，该回家了。听说张翁准备回家，陈就在正堂举行宴会，酒喝到一半，陈又让人准备了三百缗钱（一缗等于一千文，三百缗钱相当于三十万钱），告诉张翁：我葬母亲，买了您的地，人家说您的地值好多钱，我准备了这些钱，对您作为补偿。张翁很惊奇，一头雾水：我如果将山上那些木材砍下来，拿到市场上卖，一千钱也卖不到，而您儿子却给了我三万钱，这都太多了，我还怎么敢要您另外的钱呢？

陈又说：不是这样的，我们选地葬母，是正当行为，但是，却以炼铁需要木炭为由，这就是欺骗了。我儿子一时被利所诱，骗了您，人都说您的山不止这个价，我这几个月来的行为，就是想补偿您一下，我实在很惭愧，儿子有点见利忘义了。

张翁一直推托：这桩买卖，我当时就答应了，而你们给的价钱，又大大超过我山林的价值，您想做君子，我虽地位低下，但也是讲道义的，我岂能以不正当的理由再要你们的钱呢，坚决不要！

陈家坚持要给，张翁一直推托，到后来，张翁不高兴了，第二天早上，拂衣离开。

见张翁不肯接受，陈国瑞将儿子叫来，一顿臭骂：看你这件事情做的，陷我于不义之中了。不得已，父子俩想了个办法，他们偷偷找到张翁的儿子，将钱交给他说：这是你父亲的钱。儿子收下了这笔钱，张翁一点也不知道。

岳珂评论道：世人大多见利轻义，有时为了一钱之争，甚至弄得头破血流，而陈、张两位义字当头的风格，实在让我们很多人惭愧。

不得不说，陈、张两翁，确实都讲"义"。

人之常理——买方，都想以一个合适的价格买到好东西，而卖方呢，也想以一个好价钱卖出，至少不吃亏。

风水大师王生，凭自己的经验，帮助陈家公子完成了好墓地的选择，确实为陈家省下不少钱。这是一个称职的风水师。

陈家公子呢，家里大大小小的事情都要管，为奶奶选墓地，当然也要又好又省钱，无论从什么角度讲，这也是一个称职的儿子。

然而，陈家老先生不赞同他们的做法，认为违背了道义。而一个人失义，这是多么重要的事啊，必须坚决纠正。

陈老先生一系列的补救，至少让他心里踏实一点。

地位和品德没有正比例关系，所以，当张翁明白事情的原委之后，他也要实现自己的"义"，不能拿的钱，坚决不要，否则于情于理都不安。

最后的结果，陈家实现了义，而"陷"张翁于"不义"，不过，大家看了都很舒心，如果人与人之间的关系，都能像陈、张两翁一样，那真是太暖心了。

（出自宋·岳珂《桯史》卷第二《望江二翁》）

先吃三口淡饭

倪正父说，黄鲁直（即黄庭坚）吃饭的五观，真是很有道理的。

我（褚人获）曾到一佛寺，看见寺里的僧人们吃饭，每顿饭先淡吃三口。第一口，尝饭之正味；第二口，思衣食从哪来；第三口，思农夫种粮的艰辛。这种吃法，五观的意思都蕴含其中了。教导子弟先吃淡饭而后吃菜，方法也极为简单，教育意义明显，一定要重视农业。

我的好朋友周永洲先生，他做我子侄辈的老师，吃饭时，也是先淡吃三口。第一碗饭一定素食，添饭后再吃荤菜。他在我家教了九年书，一直这样。

北宋大文学家黄庭坚的五观，作者没有说，我也没有查到资料，不过，从黄作诗没一字没出处的认真劲看，他一定是有详细解释的。

淡吃三口饭，第一口，纯粹是技术角度。

这个饭，味道如何？不要小看这一点，其实很有讲究。新米还是陈米，米的品种，米的产地，舂米的技术，煮饭的用水，煮饭的火候，所有这些因素，都会使饭的味道有差异。中国人跑到日本疯买马桶盖，中国人也钟情日本的电饭锅，据说就是为了饭的味道。

第二口、第三口，则具有浓厚的教育意义。

"谁知盘中餐，粒粒皆辛苦。"农事艰辛，再也没有比这两句诗准确了。普通百姓这样教育孩子，富贵人家也这样教育孩子。蔡京就问他的孙子们，米从哪里来呀？蔡大人很清楚，高官和富贵，都是暂时的，人最好要有谋生能力。

也可以将淡吃三口饭，看作是一种克制。不要急，不要争，好菜不会跑，是你的总归是你的，要学会耐心，要学会等待，更要学会克制。

还可以将淡吃三口饭，看作是一种敬畏。对天，对地，对人，都要敬畏，珍惜爱惜。有敬畏，做人做事才会有所顾忌。

许多大道理，就在不起眼的日常生活中。

（出自清·褚人获《坚瓠集》，秘集卷之三《淡饭》）

父母坟前树成荫

我（钱泳）家乡有个姓蔡的老翁，以前，他家里很穷，靠帮人打工为生，家里仅种田一二亩，以此度日。

父母去世后，他就在家的原址上将父母安葬，建好墓，土堆上，周边全都种上松树、楸树，并且编织好篱笆，将坟围起来，村人都不理解，笑他痴。

蔡翁依旧贫困。

两三年后，松树、楸树逐渐成长，树下长出不少鲜菌，我们那里的人都叫它松花菌，价格非常不错的。这菌每天都长个不停，他早上摘个一两筐，到集市卖，能得数百文。

如此十余年，他居然积资千金，以之买田得屋，有田数百亩，成为远近闻名的小富翁。

蔡翁的发家史，其实就是一部孝顺史。

父母在，不远游，安心务农，虽然日

子艰难,但能尽孝,这也是实在的日子。

父母去世,精筑墓,树成荫,他们也能长久地安息。

上苍对孝顺之人、老实之人,回报是丰厚的。

这一切,是蔡翁事先都计划好的吗?很难说是计划,不如看作是好人的福报。即便是计划,那也是以孝顺为前提的,这需要孝心加时间,长久地忍耐和培养才行。

这是一个默默无闻的故事,故事充满温馨,中华民族的优秀传统,草蛇灰线,伏脉千里。

(出自清·钱泳《履园丛话》卷五《景贤·乡贤一》)

彭泽的父亲

明朝兵部尚书彭泽,他做徽州太守的时候,女儿快要出嫁,他做了数十件漆器,派下属送回老家。彭父见此,大怒,立即将漆器烧掉,然后徒步走到徽州。

听说父亲来了,彭泽惊讶地出来迎接。看到儿子连官服都让下属拿着,老父亲又大怒:我担着东西走路千里,你却不能走半步吗?进到屋里,彭父用杖责打儿子,打完,带上衣物,直接离开。

彭泽的父亲,远行千里,进行了一次家教。

太守嫁女,治几件普通家具,应该不是什么大腐败。

廉洁的老父亲却不这么看。你是朝廷官员,靠纳税人养着,你必须为纳税人服务,不能徇私。这些家具,是不是公款不清楚,但派公家的人送回,这就是占公家的便宜。

看来,虽然儿子官做得不小了,但还是要进行一次必要的家教。言传身教,坚决不用公家的车辆(想必搭公家的车回,应属常理），徒步千里，我靠我自己！

儿子在官场久了，确实有些官家习气，迎接老父亲的时候，勤务人员都替他拿着东西，老父亲很不满意，我能走千里，你走几步都不行吗？

一脸怒气的父亲回到儿子的家，或者公堂，直接用棍棒教育。打完，目的达到，直接闪人。

老父亲难能可贵，儿子更加自律。儿子能主动脱下衣服，接受杖责，需要知错即改的勇气，更需要对父亲孝顺的胸怀。子不教，父之过，这是中国传统家教的经典案例。

家教后的彭泽，果然更加自律，大有政声。

（出自清·陆以湉《冷庐杂识》卷第六《彭泽父》）

于令仪善待小偷

曹州于令仪是个商人,他为人忠厚,行事端正,晚年家里颇为富裕。

一天晚上,有个小偷进入他家偷东西,被他儿子抓获。一看,这不是邻居的孩子吗?

令仪问:看你平时也少做错事,为什么要来偷东西呢?

小偷答:家里太穷了!

令仪又问:那你想要什么东西呢?

小偷答:我只要十千钱就足够生活了。

令仪就让人取了十千钱给他,让他走。

小偷刚要离开,令仪又将他叫住,小偷害怕极了,以为令仪要变卦或者报官。

令仪对他讲:你家里这么贫困,而你又夜里带了一大笔钱回去,被人发现恐怕对你不利。你晚上别走了,就住我家,明天白天再走!

小偷大为感动,到了天明才回家。

小偷感动并惭愧,改正错误,终于成了良民。

于令仪自己坐得直，行得正，坦坦荡荡，心底无私，他积的是正义之财。

　　小偷一时做错事，但据他观察，平时这个孩子还是挺好的，没发现什么不良行为。

　　小偷做错事是有原因的，因为家贫。家里实在穷得揭不开锅了，于是动起了歪脑筋，本质上并不想偷。

　　对于令仪来说，给他十千钱，不是什么难事，但大半夜，带着十千钱回家，极有可能被怀疑，如果被举报，被官府捉拿，那就害了孩子的终身。

　　一个人做错一件事，不要以一推十，完全否定他。

　　替别人着想的善良，这应该是令仪善待邻居小偷的精髓所在。

（出自宋·王辟之《渑水燕谈录》卷第三《奇节》）

卷二

睡觉时胡须放什么地方

奇计

裴县令妙计还牛
巧判兄弟分家
睡眠方子
馄饨方子
草鞋大王
长途运鱼苗
要打官司明日来
秘方

窦公的生意经
睡觉时胡须放什么地方
刀为什么会折断
俩瞌睡虫
背小虎渡水
装鬼偷葡萄
审筐审小牛

这些智慧都让人拍案叫绝：牛是你的就是你的（《裴县令妙计还牛》），不是你的就让牛妈妈来证明（《审筐审小牛》）；动物也有过人的智慧（《背小虎渡水》）；生活中的许多琐事，较真起来还真有不少学问（《睡觉时胡须放什么地方》）；聪明脑子也有用歪了的地方（《装鬼偷葡萄》）。

　　智慧也如灵感，往往来自于生活中有意的积累，积累得够多够扎实，突然有一天就会爆发出来。

　　化干戈为玉帛，将对手置于死地，于无处生有，都是大智慧。

裴县令妙计还牛

卫州新乡县令裴子云,脑瓜子好使,断案常出奇计。

他辖下有个叫王敬的百姓,因为当兵保边疆,将六头母牛寄养在舅舅李进家里。李进养了五年,六头牛陆续生下三十头小牛,每一头价值都在十贯以上。

王敬退伍回乡,要求舅舅还牛。原来六头母牛已经死了两头,舅舅就将另外四头母牛还给王敬,说剩下的小牛,不是他的母牛所生,拖着不肯还牛。

王敬很愤怒,告状到县里。

裴县令就将王敬关进牢监,并派兵去捉拿偷牛贼李进。

李进被抓来后,吓得要死。一进公堂,裴县令惊堂木一沉:有盗贼带着你偷了三十头牛,现在就藏在你们家,还不从实招来!然后用布衫将王敬的头罩住,让他立在南墙下,和李进对质。

李进急了:县官大人啊,我这三十头牛,都是我外甥王敬的母牛所生,实在不是偷来的。

裴县令让人将王敬的黑布衫拿下,李进一看是外甥,马上明白了是怎么回事。

县令问:这就是你外甥吗?

李答:是的。

裴县令:如果是你外甥,那你就将牛还给他。

李进这时说不出话来了。

裴县令于是判决：五年养牛辛苦，给你留下几头，其余的都还给王敬！

这几乎是一个喜剧。

生活中，这样的剧情还是蛮多的。因为一方不按规则办事，于是就有了纠葛，而这种纠葛，道理有时往往并不十分清晰。

就如本案，李进说这牛是他的，不是没有道理：你的牛只有六头，我都还你了。这些小牛，只不过是借用了你家的母牛所生，小牛非母牛，所以，这些小牛并不是你家的牛。

而王敬则认为：没有我的母牛，你家的小牛就不可能有，母牛是因，小牛是果，所有的牛都是我的，你必须归还我。

而裴县令的推理是，这些牛是哪里来的？是偷来的吧？这些牛的来历，你一定要讲得清楚明白，否则就有嫌疑。这样，就用逻辑的力量，将李进逼到了墙角。

如此的民事纠纷，是需要用智慧解决的，解决完美，就成了喜剧，一件让人看了听了都开心的好玩的事情。

（出自唐·张鷟《朝野佥载》卷五）

窦公的生意经

唐朝崇贤有窦公,是璟仆射的先人。他体单力薄,不善于生产劳动,做不了体力活,却有极好的生意头脑。

他家在京城内有一块空地,与一大太监为邻,这太监发达后,想要他家的地。按市场估价,这块地,最多值个五六百钱而已。窦公于是找到大太监:您想要我这块地吧,我将它送给您。窦也不说什么价,但他提了个条件:将军啊,我有老朋友在江淮,我想去投奔他,我希望您给我写几封推荐信。嘿,他老人家估计是想找个保护伞。

大太监很高兴啊,自己的地盘得到了有效的扩张,而且这么顺利,平价能买到一块空地,他就付给窦公三千缗钱,还认真写了推荐信。

这窦公,一块烂地,卖了数倍的钱。家业由此开始发达。

他来到东市,看中了一块洼地,这洼地都是水,脏得很,于是向有关部门以极低的价格买下。他想出一个计策,让家里的用人们,做了很多色香味俱全的煎饼,这些煎饼被装到了大大的盘子里。他在地里设了好多块小牌牌，招呼了一帮小孩：你们站在上边，谁将砖头扔中下面的目标，就得一个煎饼。那些小屁孩，一下子就很起劲地扔砖头、扔石头、扔土块。

小屁孩们还奔走相告，扔扔砖头就有煎饼吃！他们每天不知疲倦地扔砖头，赢煎饼。没过多久，低洼的地方，就填充了十分之六七，看看基础填得差不多了，窦公找来工人，将好土堆上，填平。他在这里开了一个涉外宾馆，专门用来接待富裕的波斯商人，营业额每天都在一千文钱以上。

干不了重体力活，并不等于不是人才，就如马云，小小个子，怎么看都不是强者，可是他将阿里巴巴做成了全中国第一大零售交易平台，全球著名。

窦公的起家，简直可以写进 MBA 经典教材。既做了好人，又得了大利，名正言顺地掘到了第一桶金。更重要的是，他得到了保护伞，那换他地的大太监，永远觉得欠他个人情，如果窦公碰到什么大难题，相信大太监会出面，甚至不用出面，只要让人知道他有大太监的保护信，就可以解决一切问题了，没有哪个部门敢这么不识趣。

窦公让洼地升值，同样需要眼光。低价拿地，

巧妙填地,让别人眼中的差地变成了聚宝盆。现代那些地产大老板,有很多干的都是这一类事,先拿地,制造概念,待价而沽,最后卖出好价钱。

我没有看到窦公的其他传记,相信他这一辈子,一定还有其他经典的生意手笔。在他眼里,连垃圾都是放错了地方的宝贝,只要肯动脑筋,资源就会盘活,财富自然会滚滚而来。

(出自五代·孙光宪《北梦琐言》卷十《窦家酒炙地》)

巧判兄弟分家

张乖崖做杭州市长时,碰到了一件兄弟分家的案子:弟弟沈章诉哥哥沈彦分家不公平。

张市长问了情况后指出:你这个案子怎么回事?你们都已经分家三年了,为什么以前不申诉呢?

沈章回答:以前曾经上诉过,前面那位市长判我过错,我已经被惩罚过了。

张市长说:如此看来,你的过错是很明显的了。

张市长也责罚了沈章,并不支持沈章的申诉。

过了一段时间,张市长因公干,恰好经过沈氏兄弟居住的地方,他察看了情况后问:以前那个告状的沈章,住哪个单元?

手下工作人员回答:就在这条街道中,他和哥哥对门居住。

张市长于是下马,召集兄弟两家人对质,再审案子。

张市长问沈彦:你弟弟告你的状,说你在他很小的时候就掌管家产了,他并不知道你们家有多少财产,你分家不公平,真的是不公平吗?

沈彦回答:公平的。

沈章随即大声抗议:公平什么?不公平!

张市长不慌不忙判决道:沈彦啊,你的说法,你弟弟并不同意。现在，我命令你们，兄的家人，去住弟的房子，弟的家人，去住兄的房子，东西都不准搬动。现在，马上，立刻对换！

太精彩了！在场老百姓，没有一个不说张市长英明果断的。

人的欲望是无法满足的，即便是公平的裁决，他们也往往认为不公平。

从伦理上说，哥哥长弟弟许多，行使的基本上是和父亲一样的权力，这是中国传统文化所要求的基本原则，因此哥哥往往只会吃亏，并不会贪占。

从责任上说，哥哥在弟弟很小的时候就管家，他一定是为这个家尽心尽力的，他一定创造了更多的财富，因为，责任使然。而且，作为长兄，他一定会公平分家，否则怎么给孩子做榜样？

弟弟，沈章，他的不满足，既起源于贪心不足，也起源于不劳而获。即便事实上公平合理，他也认为，哥哥一定藏匿了看不见的金银财宝，且为数不少，为此，他天天晚上睡不好觉呢！

这下好了，你认为不公平，那就换过来吧。

贪心者戒！

（出自宋·刘斧《青琐高议》前集卷之一《明政》）

睡觉时胡须放什么地方

我的堂伯父蔡襄,人称美髯公。

有一天,宋仁宗看见蔡襄的胡子,突然就问:你那一脸的胡须,真漂亮,我问你,晚上睡觉时,你是怎么处理胡须的?是将胡须放到被子里面呢,还是将胡须放到被子外面?蔡襄一听,哈,一下子竟然回答不了:胡须到底是放外面还是里面,我自己也不知道呢!

蔡襄回到家里,晚上睡觉时一下子就想起皇上问他的话,将胡须先放到被子里面,感觉不妥当,又将胡须放到被子外面,又感觉不舒服,里面,外面,放进,放出,竟然一夜都没有睡着。

对男人来说,胡须的事,并不是小事。胡须里充满了学问。

《康熙字典》里,就这么详细分类:胡须在上唇的,称"髭",在下唇的,称"须",颊旁的,称"髯",下巴上的,称"胡"。复杂得很。

我也好奇呢,那长胡须是怎么安置的?我

估摸着，结果只能是里面外面都有，有时里面，有时外面。睡觉时先放外面，睡着了，一个翻身，就到里面了。

相类似的问题，还可以有趣延伸。比如，走路时，你是先迈左脚还是先迈右脚呢？比如，熊猫是"熊"还是"猫"？

有些事情就这么奇怪，无心变成有意，一下子还真说不清，说不清，就想要去弄清，这样就费神劳心了。

睡觉，其实是不需要管胡须的，这就是一种习惯，当要改变习惯时，一定会很难受。当然，睡不着应该是小事，不至于害了性命，无事烦，自扰的。

（出自宋·蔡絛《铁围山丛谈》卷第三）

睡眠方子

不管睡眠有没有方子，人们都在孜孜以求。

有诗为证：花竹幽窗午梦长，此中与世暂相忘。华山处士如容见，不觅仙方觅睡方。

《遗教经》有这样的睡眠方子：烦恼毒蛇，睡在汝心。睡蛇既出，乃可安眠。西山蔡季通，有睡诀这样说：睡侧而屈，觉正而伸，早晚以时。先睡心，后睡眼。《千金方》，也有"睡心""睡眼"之语。

睡不好就会彻底崩溃，古今同理。所以，好的睡方堪比仙方。

失眠就像毒蛇，不断噬咬着你的心，翻来覆去，像沙滩上的鱼。黑夜睡着了，枕头睡着了，你却醒着。但《遗教经》只是比方，并没有真正的睡方。

现代医学表明，睡不好，既是生理问题，也是心理问题。

所以，蔡季通和《千金方》的"睡心"，才抓住了问题的本质所在。心宁静了，自然就会睡。要讲"睡心"，话题太大太深也太长，但简而言之，如能做到将外物看轻，放下，舍得，不做亏心事，基本就成功了。

所以，世上并没有真正的睡眠方子，睡眠方子就在自己的心里。那些药物，那些良言，最多也只是改善而已。

（出自宋・周密《齐东野语》卷十六《睡》）

刀为什么会折断

　　刺刺拔都儿是有名的将领。后至元三年（1266年），他跑进宫中，杀掉了唐其势大夫，外面都不知道。他的部队，当时都驻扎在京城东门的外面。太师伯颜怕生变，亲自带了三百精兵去抓他。

　　拔都儿看见大道上灰尘扬起，立即警惕，跑进军帐中，将武器带上，骑上马撤退。道上和伯太师的兵相遇，短兵相接。拔都儿挥着刀，快要接近伯太师马的时候，刀头忽然掉在地上，只有逃跑。没有武器的拔都儿，很难敌过伯太师的兵，被抓回，杀掉。

　　这是件奇怪的事，拔都儿是名将，刀怎么会临阵折断了呢？原来，半个月前，这把刀曾经掉地上，折断了，家人怕他发怒，又偷偷地装进刀鞘中。

　　并不是他不勇敢，并不是他不能战。拔都儿毁于一次偶然事故，也许就是命中注定。

　　生活中，这样的偶然很多。

　　一个小区的消防设施，因人为的原因被损坏，损坏者怕承担责任，管理人员又不知道，火灾恰恰这个时候发生，于是灾难酿成。医生的手术中，需要某种重要器械,但是前一天,又是人为的原因,被损坏,损坏者又怕承担责任,管理人员又不知道,第二天手术时,那个病人,恰恰因准备这个手术器械的时间耽误,命丧手术台。

其实,偶然也是必然。

假如,拔都儿每天都会检查他的兵器,养成了一辈子的好习惯,那么,折断了刀就会被发现,而不会临阵时送命。假如,消防设施和医疗器械的管理,精细到每一个细节,环环相扣,发生事故的概率就会大大下降。

对于拔都儿临阵折刀,只能怪其命中注定了。

(出自元·杨瑀《山居新语》)

馄饨方子

大明朝组织部副部长乔仲山，非常幽默。

他家的馄饨，做得特别好吃，许多亲朋好友，常常上门蹭吃，人多了，他有点受不了。

有一天，他想出一个办法。他在每个客人饭桌前，先放一帖，并且告诫大家说：请大家吃完，才可展开阅读。

大家吃完馄饨，迫不及待打开帖子，原来是制作馄饨的方法和步骤。

众人哈哈大笑，心满意足而去。

此后，乔家再无骚扰之苦。

组织部部长管着官员的帽子，不要说家里有好吃的，即便没好吃的，许多人也都会奔着来跑关系，踏破门槛。

还有，即便东西不好吃，也肯定要说好吃了。

不过，这里，乔公家的馄饨，确实做得好吃，估计有什么传统秘方。

乔公的机智，其实还是一种奉献，好东西不能独藏着，有了方子，你们自己回家照着做就行了！

这种奉献多了，就成了一种文化，一种传统，中国许多的传统美食，就是这么口口相传而来的。

（出自元·陶宗仪《南村辍耕录》卷二十四《馄饨方》）

俩瞌睡虫

嗜睡的人,哪个朝代都有。举些名人的例子吧:边孝先、杜牧、韩昌黎、夏侯隐、陈抟、王荆公等,都有这样的毛病。

张东海《睡丞记》一文,里面有两个瞌睡虫,让人笑破肚皮。

主要情节是这样的:

有一华亭丞去拜见某乡绅,见他没出来,就在座位上等,一会儿就酣睡了。过了些时间,主人来了,见客人在睡,不忍心惊动他,就在客人对座的位置上坐着等,一会儿也睡过去了。

过了不知多少时间,华亭丞醒了,看见主人在熟睡,心想,这时惊动主人,是不礼貌的,于是接着睡。又过了不知多少时间,主人醒了,见客人还在睡,心想,此时去惊动客人,也是不礼貌的,于是再接着睡。

等到华亭丞再醒来,已经是傍晚了,他一看,主人还在熟睡,他想想,还是算了吧,改日再来拜访,于是悄悄离开。等天完全黑下来,主人才醒来,不见了客人,也不问什么原因,就回到屋里去了。

陆游有诗说：相对蒲团睡味长，主人与客两相忘。须叟客去主人觉，一半西窗无夕阳。

上面俩瞌睡虫，坐的虽然不是蒲团，场景却相像，喜剧感极强。瞌睡场景，还让人联想很多。

多礼节。等候的情节，客人和主人，都有非常高的修养，都不忍心打搅对方的好梦。正常的情节是，客人可以睡着等，主人来了，喊醒，作个揖，抱歉下就行了。或者，再退一步，主人睡着等，客人醒来，喊醒主人，也作个揖，抱歉下。但他们偏偏不，一直你等我等，似乎在等梦里相见。

慢生活。烦躁的时代，一定不会有这样温馨的场面，慢腾腾，静悄悄，时间似乎都停止了，客人可能有急事，但他内心不急，主人也有很多事要处理，但他同样不急。当然，坐下来就能睡觉，取决于客人和主人的身体机能，他们的睡眠功都特别好，挨着枕头就睡着。不，没枕头也睡得着，根本不需要什么睡眠方子。

就现代人来说，能这样肆无忌惮地睡觉，实在是件无比幸福的事。

其实，这个有趣场景，谢肇淛可能是有借鉴的。

我的老乡，元代的桐庐人姚桐寿，他写有笔记《乐郊私语》，里面有一节叫《海盐丞》，记的是南宋绍兴年间，海盐丞拜见乡大夫，你睡我睡，最终未交一言而去。当时的著名文人，还为这趣事画了画。和谢作家同时代的戏剧家沈璟，根据这个场景，写了部杂剧《乜县丞竟日昏睡》，可见，这两个瞌睡虫，在当时就名气很大了，给人们带来不少的欢笑。

（出自明·谢肇淛《五杂俎》卷七《人部》三）

草鞋大王

谢作家引用刘昌诗的《芦浦笔记》，有一则"草鞋大王"，极具讽刺意味。

有一天，某人忽发大兴，在路边的树枝上，挂了一只草鞋。后来经过的人，感觉好玩，索性又挂上一只。好玩，又一只，又一只，又一只……后来的人不明什么原因，见这么多的草鞋挂在树枝上，一定有原因的，就越挂越多，成千上万了。

有富人经过，看到这么多草鞋，认为这是一个灵异的地方，就出资，并发动当地群众，建了一个草鞋祠，大家就烧香膜拜了。

又一天，某人经过这里，感觉很奇怪，怎么有个草鞋祠呢？他也只是奇怪，并没有多问，还进去虔诚叩拜了。

三人成虎，妖由人兴。

各式各样的所谓神灵，其实都经不起推敲，稍微一考证，就会露出马脚。草鞋大王，不问缘由的从众心理，实在有些怪异。

需要警惕的是，为什么会出现这样的现象？民众觉悟不够？内心信仰不足？都有。更有推波助澜者，如富人，如果他不出资，不建庙，谬种流传的可能性就会小一些。

世上本无事，庸人自扰之。

东晋的干宝，讲过一个和上面草鞋祠差不多的故事。

南顿县民张助，有天在田里种庄稼，看到了一个李子核，本想拿走，回头一看，旁边有一棵桑树，树上有空洞，洞中还有些泥土，就随手将李子核种在桑树洞中，又顺便弄了些水，浇灌了一下。

后来，有人见桑树中生长出李树来，大为惊奇，迅速互相传播。有个得了眼病的人，到李树下乘阴凉，他还在一边很虔诚地祷告：尊敬的李树神啊，如果您给我治好眼病，我将用一头猪来祭祀您。眼痛不过是一时的小病，不医也会慢慢好的。过了一段时间，那个人的眼病果然就好了。然而，人们却越传越神，说李树能保佑人，瞎子都能复明，这棵李树于是远近闻名。李树下常常车水马龙，祭祀的酒肉摆得到处都是。

过了一年多，张助出远门回家，看到李树下的祭祀场面，大为吃惊：这棵树有什么灵啊，它不过是我顺手种下去的李树。于是，他就将这棵李树砍了。

看来，除谣言最有效的方法，就是将真相揭露。

（出自明·谢肇淛《五杂俎》卷十五《事部》三）

背小虎渡水

有谚语说：虎生三子，必有一彪。彪最犷恶，会吃虎子。

我（周密）听猎人这样讲：老虎要率领三只小虎渡水，一定会考虑，如果先背一只小虎过河，那么其中的另一只会有被彪吃掉的可能。所以，老虎采用的办法是：先背着彪到达对岸，回来再背一只小虎到对岸，然后，虎会再次将彪背回原地，将彪放下，又将另一只小虎背到对岸，最后，才背着彪到达对岸。

彪这么厉害，母亲老虎也要防着它。

动物的智慧，也是现实生活中逼出来的。因为爱，因为惧，因为生存，因为各种原因，所以，动物们的智慧也千姿百态。

我的《笔记中的动物》，写到了"鼠狼和鸦救子"，写到了"猎鹰奉命捉顽猴"，也写到了"训练有素的猴小偷""千里送家信的聪明狗""会跳舞的马"，都是普通动物，但它们在生活中显露出来的高级智慧，有些连人也未必想得出来。

虎背彪渡水，颇有点田忌赛马的智慧，也像现代奥数题，但田忌是人，是人中的官员，似乎不可比，可原理却相同。

不知道猎人是不是夸张了，我宁愿相信这是真的。

（出自宋·周密《癸辛杂识》续集下《虎引彪渡水》）

长途运鱼苗

江州（今江西九江）等地，靠近水边，盛产鱼苗。到了夏天，人们都卖鱼苗赚钱。

鱼苗贩子，也一时聚集，他们会将鱼苗贩到福建、衢州、金华等地。

怎么运送呢？用细竹丝，编织成像桶一样的形状，里面糊上漆纸，将鱼苗放到桶内。刚孵出的鱼苗，细若针芒，一桶内可能装数百万条。在陆路上行走，水不能放太满，每遇到池塘，一定要换新鲜水，每天要换好几次。另外用一个小篮，做法和桶一样，是换水用的。换水时，要将鱼苗中稍大而有黑鳞的，拣出丢掉，如果不丢掉，它会伤害其他小鱼苗。

运送鱼苗，终日奔驰，晚上也不能休息，如果要稍作休息，也要让人专门摇动竹桶。桶在动，水在晃，鱼以为还在江湖中，如果水不动了，鱼苗就会死去。

将这些鱼苗运到家，做一个大布兜放在水塘中，用绳子将布兜的四角都挂起来，布的四角离水面尺余，将鱼苗全部放入布兜中。风波微动，这些鱼苗，仍然以为身处江湖河海中，它们会顺着布兜，旋转、游戏。

鱼贩子们将这些鱼苗养上一月半月，就可以按条出售了。

有人说，初养之际，用油炒糠喂它们，这样长起来的鱼，不会生子。

鱼贩子们要赚点钱,也不容易。

这似乎是鲇鱼效应的萌芽版。

稍大而有黑鳞的,必须丢掉,因为它极有可能吃掉小鱼苗。短途运送,估计问题不大,有黑鳞们在,小鱼苗会活蹦乱跳,它们要时刻防止自己被吃掉。

对针一样的小鱼苗来说,小小的竹桶,就是微型的江河湖海。它们并不清楚,自己即将从海滨城市,到广阔无垠的平原或犄角旮旯的山区去生活和发展。模糊并仿拟小鱼苗们的生活环境,是运送成功的关键,当然,还要不时换新鲜水,它们太弱小了,经不起任何风浪。

现代运送鱼苗,就没有这样的风险,弄个氧泵,不停运转,就如人们家里的鱼缸,如果没有十分特别的原因,那些小金鱼们,都会自在得很,有氧呢。

(出自宋·周密《癸辛杂识》别集上《鱼苗》)

装鬼偷葡萄

杭州城外，北新桥，某老翁居住在水边。他门前种有七架葡萄，虽然天旱，但老翁辛勤浇灌，所以，葡萄长得非常好。

为了防盗，老翁晚上就睡在葡萄架下。

有天晚上，突然有两三个"鬼"露出水面，鬼们互相祝贺，祝贺他们要转世了：明天中午，有个戴方巾，穿白衫的，从北而来，这就是我们的替死者。

第二天，老翁一直坐在葡萄架下等，时间到，果然有个方巾白衫，大笑着跳进水中，老翁急忙将他救了上来。

这天晚上，有"鬼"来骂他：我等了数十年，刚好有人来替我，而你将我的命夺走了，我要杀你！"鬼"骂完，用污泥瓦砾乱掷，老翁害怕了，躲进屋内。又有东西砸进窗户，老翁越发怕了，看也不敢看。

第二天早上，老翁出门一看，七架葡萄，一颗也不剩。那些小偷，昨夜将船停在河边，边摘边装，逃得无影无踪。

宋朝的小偷，真是挖空心思到家。

大旱之年，各种水果歉收，所以老翁这七架葡萄就被小偷盯上了。老翁一天到晚坐在葡萄架下，要想顺利偷得，实在有点难，法制社会，总不能明抢吧。

简单的计策不行，必须连环计。

这几乎就是一场小电影了，情节完整，有细节，有高潮，场面环环相扣，"鬼"的表演丝丝入扣，老翁一步步陷入圈套。

老翁，有正义感，有同情心。小偷们算准，他不会看见有人投水自杀而不管，他一定会出手相救。果然。

老翁是人，碰到"鬼"的进攻，一定会害怕，普通人都怕"鬼"，这也是计划实施的另一个关键。果然。

南宋那个时候，出现几个"鬼"，那是太正常不过了，不由得你不信。

陈世崇也对这件事情进行过评论：这些小偷，如果能将智慧用到做好事善事上面来，谁能和他们比呢！

确实，小偷们实在是大材小用，为了满足一时的口腹之欲，搞歪门邪道，才智用错了地方！

（出自宋·陈世崇《随隐漫录》卷三）

要打官司明日来

明朝宣正年间,松江太守赵豫,宅心仁厚。

每次有人来打官司,如果不是急事,就告诉他明天再来。开始,人们都笑话他,外面也传有"松江太守明日来"的童谣。那些要打官司的人,大多都是一时之愤,一夜下来,好多气都消了;或者,回家经人劝解,打消了念头。这比起那些自认为判案神明的有名气官员,差别不是一般的大。

百种官司,百样原因,有许多原因,都是争一时之愤。

有些官司,打到最后,所关注的利益已经不重要了,重要的是一口气,人活一口气嘛,就是要争这一口气。

因为性格,各人处理起事情来,都不可能完美无缺,而那个缺,就极有可能发展成诉讼。

我也要愤怒,但常常用"愤怒时不做决定"劝人。确实如此。半小时、几小时或一夜过后,原来的决定就发生了根本性变化。因为,你已经换位思考了,或者,你已经了解到,事情另外有真相,当初那个几乎要脱口而出的决定显然不是最佳的,甚至可以说很蹩脚。

去年就听说,上海民政部门办理离婚,每天都限号。其实不是人手忙不过来,如果是别的工作,增加人手就是了,可离婚不一样,宁拆十座桥,不拆一家婚,能合则合,明天再来,也许危机就过去了。

因此,松江太守明日来,并不是怠政。他深知,官司里有各种各样的无奈,要让当事双方,回家冷静一下,如果冷静了还这样,现状不可改变,那官司还是要打,总要分出个是非来的。

明日来,明日来,小智慧中含着大道理。

(出自清·褚人获《坚瓠集》,续集卷之四《明日来》)

审筐审小牛

时敏,明朝崇祯丁丑年进士,官至兵科给事中。有一小案,足见他的智慧。

案子发生在他做固始县知县的时候。两乡人进城,将船系一旁,开始做生意,一个卖米,一个卖菜,两人为争一只柳条筐打了起来。

这筐本来是卖菜人的,他自然不服,告到县衙。时县长一了解,召集众人说:这事不用审人,只要审一下柳条筐就行了。役吏,你用棍子打筐!

观者如堵,大家都很好奇,看稀奇呢。

役吏几棍子下去,柳条筐就打破了,破了的筐子,有菜籽从筐缝中滚出。

卖米者一见此形,立即服罪。

另一个审小牛的案子,同样精彩。

这事发生在时敏的同学盛王赞身上。

盛做兰溪知县时,有两老百姓争一头小牛,盛县长让两位将母牛都牵来,命令役吏猛打小牛。见此情景,一头母牛全身发抖,另一头没什么反应。案子自然清楚了,谁不心疼自己的孩子呢?动物也一样的。

这样的案子，古代多如牛毛，几乎每个县官都会碰到。

都是老百姓的家常事，起了纷争，需要父母官判断一下，就如家里的兄弟姐妹发生了争执，也需要家长断一下。

虽然不是毒杀碎尸的人命大案，却也足见官员断案的智慧，鸡皮小事，并不容易。打筐打小牛，是非曲直，顿时分明。

同是清代的褚人获，他的笔记《坚瓠广集》卷二中有《钱临江断鹅》，也类此事：

万历年间，钱若庚守临江，有乡人带了一只鹅到市场上去卖，他先将鹅寄存在一家店中，事办完后来取鹅，店主不承认：这些鹅都是我的。乡人不肯，状告到钱太守这儿。

钱长官让人将店中的四只鹅全部捉来，各给一张纸、笔砚，分四个地方，让鹅们各自交代来历。众人惊奇之极，这鹅会自己交代吗？不可能啊，大家都等着看笑话呢！

过了一顿饭工夫，钱长官问办案人员：那些鹅交代了吗？

办案人员：没有。

又过了一会，钱长官走到堂下鹅身边察看：它们已经交代了！

钱长官指着一只鹅说：这一只，就是乡人的鹅。

为什么呢？乡人的鹅，吃的是野草，粪便呈青色；店里的鹅，吃的是谷粟，粪便呈黄色。

店主认罪。

审鹅的原理和审筐审小牛类似，都需要一些常识。有的时候，断案，就是常识的集中运用，但这些常识需要运用者活学活用，如果仅仅是钻在故纸堆里的书呆子，这样的案子，一定判不了。

（出自清·王应奎《柳南随笔》卷四）

秘方

杭州吴山有卖秘方的,生意不错。有一人花了三百钱买了三条,"持家必发""饮酒不醉""生虱断根"。卖家将秘方用纸封好,慎重交给买者,并郑重交代:这方子极灵,请不要随便传人!

买者回家,小心打开,每张方子上面只有两个字:勤俭、早散、勤捉。大悔,想想人家说的也对,终究没有理由退钱。

所谓"秘方",基本不可信,如果一定要有,那也只是一种技巧而已,或者说是人们长期实践积累而成,门内汉骗门外汉的。

权且将上面六字当作秘方,但它们也只是达到目的之一种方法而已。比如,勤俭能发家,道理一万年不错,但是勤俭就一定能发家吗?不见得,中国人的传统就是勤俭,但自古至今,也只有少数勤俭的人才能发家。反过来,奢靡却一定会败家,因为坐吃山空,富不过三代。

举作文秘方。唐朝就有了。

白居易和元稹,曾经同窗,一起在复习班里努力学习,将科举作为自己终身奋斗的目标。他们中举以后,白写给元的一首诗这样回忆:

皆当少壮日,同惜盛明时。

光景嗟虚掷,云霄窃暗窥。

攻文朝矻矻,讲学夜孜孜。

策目穿如札,毫锋锐若锥。

白自己注释说:当时他们为了应付考试,想了许多的复习办法。其中一个办法是,他们共同收集考试的范文,各种各类的,历朝历代的,总共收了数百篇,每篇都用细锋细管的毛笔抄写,编扎成册,带在身上去参加考试。考试后,得益匪浅,两人于是相视而笑,称之为"毫锥"。

元白为了应付考试而编的范文,就成了后来考生们的"秘方"。

现代人为了各类考试,编的秘籍成千上万,汗牛充栋,大部分读书人都充分领略,效果呢,仿吴山卖秘方者,也是两个字:勤奋。

(出自清·陆以湉《冷庐杂识》卷第一《秘法》)

卷三

省油灯

典故

落苏和蜂糖
九九谚
"坐鱼"三斤
吃的学问
冬舂米
敲钟的数字
草青与九白
吹泡泡
为何称物为"东西"

省油灯
宋朝名牌
宋代洒水车
"池鱼"不是鱼
"不借"
吃墨水
里程记数器
者者居
杭州地名雅对

中国人讲究无一字无来历。

事实上,从传说中的仓颉造字开始,绝大部分字词以及它们所指代的名物,都找得到源头。我们仿佛看见,古人掌着"省油灯",去"买东西",什么东西呢?有茄子,有蜂蜜,有田鸡,更多的是宋朝名牌产品。突然间,洒水车来了,突然间,城楼上的钟响了,古人索性走进了"者者居"酒店。

如果多方探求,深入思考,你会发现,你的身边充满了故事,随便一个老旧的物件,也许藏着一件久远的趣事。

落苏和蜂糖

钱镠做钱塘王时,他儿子的脚不好,他又特别喜爱儿子。杭州话将"跛"叫作"瘸",为了避讳,就将"茄子"喊作"落苏"。

杨行密做淮阳王时,淮人避其名,就将"蜜"叫作"蜂糖"。

"茄子",我小时候一直叫它"落苏",小学叫,中学叫,家里叫,后来,去读大学,就将茄子叫作"茄子"了,怕人说我乡音土气,有很多人并不知道"落苏"是什么东西。

没想到,"落苏"还这么有文化。

其实,王辟之这个说法也不太可靠,因为,我在唐代段成式的名著《酉阳杂俎》里,就看到了将"茄子"叫"落苏"的。按他们的说法,应该是"酪酥"谐音而来,就是说,茄子比较美味。

"蜂糖"也是这样,我家乡就将蜜喊作蜂糖,现在一直这样叫。

但这样的避讳,也是合情合理。

我吃茄子时,或者喝蜂蜜时,往往会想到这样的典故。嗬,这不是普通的吃和喝,这是在吃文化呢。

(出自宋·王辟之《渑水燕谈录》卷第九《杂录》)

省油灯

陆作家（陆游）经常要熬夜写作，油灯自然少不了，他也关注省油灯的制作。

省油灯是有些历史的了。宋文安公集中就有《省油灯盏》诗，现在四川汉嘉一带使用普遍。它的原理很简单：就是灯中有夹层，边上开个小洞，将冷水注入。盏中注油，夹层中注水。当灯被点燃后，夹层内的冷水可以控制燃油的温度，减少蒸发，达到省油目的。

无论从什么角度看，这都是一项很好的科学发明。

我曾感叹，古代读书人，眼睛近视怎么办？没有灯怎么办？近视是没有办法的，哪怕他是皇帝；没有灯，则留下了很多关于无灯阅读的成语：囊萤映雪、凿壁偷光。有灯，自然要省油了。

2015年11月，我去温州，参观一家私人的塘河灯博物馆。进博物馆前，我就惦记着陆作家这个省油灯。进去一看，形状大大小小，年代长长短短，各类灯盏都有。我很快在一个显眼的展台上看到了省油灯。我特地问了老板灯的年份，他说是南宋的。嗯，我很惊奇，只要注上油，南宋的光亮还会一直燃下去。

能源问题越来越困扰着人类。煤终有挖完的一天，油终有抽干的一日。替代，再替代，上月球，上火星，都是伟大而艰巨的方向。

省油，再省油！

（出自宋·陆游《老学庵笔记》卷十）

九九谚

夏至后的九九谚这样说：
一九二九，扇子不离手；
三九二十七，冰水甜如蜜；
四九三十六，汗出如洗浴；
五九四十五，头戴秋叶舞；
六九五十四，乘凉入佛寺；
七九六十三，床头寻被单；
八九七十二，思量盖夹被；
九九八十一，阶着鸣促织。
冬至后的九九谚这样说：
一九二九，相逢不出手；
三九二十七，篱头吹觱篥；
四九三十六，夜眠如露宿；
五九四十五，太阳开门户；
六九五十四，贫儿争意气；
七九六十三，布衲担头担；
八九七十二，猫犬寻阴地；
九九八十一，犁耙一齐出。

两个最有特色的季节，气温一高一低，古代中国，有"夏九九"和"冬九九"之称。"夏九九"，夏至后的八十一天，分为九段，每段九天。顺理，"冬九九"，冬至后的八十一天，也分为九段，每段九天。看谚语，二九至四九，最热和最冷。"汗出如洗浴""夜眠如露宿"，动一动就大汗淋漓，睡在被窝里如同野外，哈，热和冷，都是因为没有空调的缘故啊！

谚语还有深深的时代印记。

"头戴秋叶舞""乘凉入佛寺"，大街小巷，山川田野，行人头上箍着草圈，随便什么草，随便什么叶，只要能遮阳，自然，能钻进佛寺最好，古木参天，幽深透凉，没甚乱哄哄的香火，只有僧人在静静地打坐。

"布衲担头担""犁耙一齐出"，过完了年，过完了节，做生意的该出门了，田地也要打理了，万物醒，大地春，背着犁，赶着牛，农人们都向希望的田野出发。

节气时令，时令节气。节气是时间的代名词，中国民间，用最简单的九九乘法口诀，将时令精确描绘，从工作到生活，从田野到居室，简括押韵，朗朗上口，代代相传。

大自然的奇妙，就在简洁的数字中，一，二，三，三生万，道也在其中了。

（出自明·谢肇淛《五杂俎》卷二《天部》二）

宋朝名牌

京城各类名牌甚多,这里仅举一些吃的例子。

王楼梅花包子、曹婆肉饼、梅家鹅鸭、曹家从食、徐家瓠羹、郑家油饼、王家乳酪、段家爊(āo,同"熬")、不逢巴子南食之类,这一些都是当时的名牌。

宋室南迁杭州后,西湖边上就有鱼羹宋五嫂、羊肉李七儿、奶房王家、血肚羹宋小巴之类。那个宋五嫂,是我家老管家的嫂子,我每次去游西湖,都要好好地喝几碗。

宋朝是一个令人向往的朝代,虽说不完整,但百姓衣食还是比较富足的,因此才有这么多的名牌商品出现。

吴自牧的《梦粱录》说:"大抵都下买物,多趋名家驰誉者。"所谓"名家驰誉者",就是现在的名牌商品了,看来,南宋百姓已经认同名牌。

在南宋,杭州城里这些品牌都很有名:中瓦前皂儿水,杂卖场前甘豆汤,如戈家蜜枣儿,官巷口光家羹,大瓦子水果子,寿慈宫前熟肉,涌金门灌肺,中瓦前职家羊饭,彭家油靴,南瓦宣家台衣，张家圆子，候潮门顾四笛，大瓦子丘家筚篥（bì lì，一种乐器）。有各类小吃，也有日用品，生生构成一幅灵动的《清明上河图》。

  除了吃，当然还有各类药铺，这也算南宋杭州的一大景观了。

  潘节干熟药铺，张家生药铺，陈直翁药铺，梁道实药铺，杨将领药铺，仁爱堂熟药铺，三不欺药铺，金药臼楼太丞药铺，陈妈妈泥面具风药铺，金马杓小儿药铺，保和大师乌梅药铺，双葫芦眼药铺，郭医产药铺，李官人双行解毒丸，等等，也都是"有名相传者"。

  正宗的宋嫂鱼羹，已经没有，西湖醋鱼，在杭州的大小饭店，倒是比较受外地客人青睐。有消息说，节假旺季，楼外楼一天要卖三千多条。

  一个品牌，要想流传下去，百年千年，一定还有很多品牌以外的事情要做。

（出自宋·袁褧《枫窗小牍》卷上）

"坐鱼"三斤

杭州人将田鸡当美味,田鸡就是青蛙。政府以前也禁止吃青蛙,因为它能清除田间的害虫。后来,宪圣(宋高宗赵构夫人宪圣慈烈皇后吴氏)南渡,看着青蛙很像人形,极力向高宗主张,严禁吃青蛙。

现在,杭州人吃青蛙的习惯还是改不了。卖青蛙的将冬瓜剖开,青蛙放进去,再送到需要的买主家门口,称"送冬瓜"。

黄公度做福建地方的长官时,有天,他吩咐炊事兵,去市场上买"坐鱼"三斤。炊事兵不知道是什么鱼,问了很多读书人,都不知道。当时,林执善做州学校的校长,有人告诉炊事兵,林校长博学,他或许知道。炊事兵找到林校长,校长告诉他,你去市场上买三斤田鸡就可以了。

田鸡买来,黄公度笑着问炊事兵:谁教你的呀?

炊事兵答:那个州学校的林校长。

黄于是将林请来做好朋友。

中国人的吃,是有悠久历史的。不因为是益虫,就不吃了,只要美味,足够吸引人,即便"拼死吃河豚",也挡不住好吃的嘴。田里的鸡,坐着的鱼,换个名称,吃得安心。

纵然,像宪圣皇后那样,因为仁慈,看着青蛙像人形,大大的眼睛,那么明亮的眼光,它希望和你交流呢,能忍心吃它吗?

也有很多人不吃田鸡,并且将它尊之为神。

广西壮族,有个蚂拐节,蚂拐就是青蛙。他们纪念青蛙,祈求来年的稻谷丰收。节日里,场面盛大,会有青年男女戴上青蛙的面具,学着青蛙跳跃的样子,奋力比赛。还会将一只用于祭祀的青蛙隆重地装进棺木里,一路巡游,蛙棺到谁家门口,谁家就会将最好的稻米献出,一直将蛙棺送到墓地,寨老虔诚打开上一年度的蛙棺,取出蛙的遗骨,以此占卜来年农事的丰歉。

权当南宋的杭州人吃青蛙是一种习惯,不过,习惯中也有不少是陋习。

淡漠农事,不谙农事,真以为长在田里的,肉质鲜嫩,胖乎乎的,就是田鸡啦。

(出自宋·叶绍翁《四朝见闻录》卷三丙集之《田鸡》)

宋代洒水车

北宋汴京城里,有一种叫细车的快速客车,前面站着好几个人,拿着水罐子,一边行,一边洒水,防止灰尘扬起。

严格说来,这并不是专门的洒水车,其功能是为了防止快速行进的车辆扬起的大量灰尘。

作者的另一部笔记《北辕录》也记载了这样的细车:他出使全国,路过淮北,见过细车。每车用十五匹驴子拉,五六个人把车,赶车者不用鞭,而用巨挺击打驴子。由于役用驴子较多,赶车者又拼命抽驴,"其震荡如逆风,上下波涛间",可见其速度之快。这样快速行进的车,在那种质量很一般的土路上绝对会一路扬灰,所以,在京城,这种车的环保就是一个问题,车上站着几个人,弄些水洒洒,灰尘会少许多。

古代的城市卫生,当政者还是十分重视的,即便没有发达的科学,也是想尽一切所能。

《后汉书·宦者传·张让》载,汉灵帝中平三年(186年),灵帝曾命令当时的掖庭令毕岚,设计制造一种洒水车:"作翻车渴乌,施于桥西,用洒南北郊路,以省百姓洒道之费。"后人这样注解"翻车渴乌":翻车,设机车以引水;渴乌,为曲筒以气引水上也。这种洒水车,在长安桥西汲足了水,洒扫于长安之南北大道,以减轻百姓洒扫之劳。

无论古今,人们在闲暇之余,偕亲带友,行走在洁净的道路上,车来车往,阳光普照,是《清明上河图》,也是《富春山居图》。

现在,唱着《走进新时代》的洒水车来了,洒水车洒出人们对生活的一片美好向往。

(出自宋·周辉《清波杂志》卷二《凉衫》)

吃的学问

吃无所谓精还是粗,饿了都好吃。所以,耐得住贫穷的人,常常有"晚餐当肉"。

我(周辉)经常出席我们家族的各种宴席,家家都按时节置办,菜品有选择有调和,总结起来,有"烂、热、少"三字食经。烂,容易咀嚼;热,不失香味;少,吃不厌,吃了还想吃。

我去边疆,渡过淮河后,看见市面上卖的羊极大,小的有五六十斤,大的超过百斤。官家的招待所里,早晚都供应羊肉,又苦又硬,还配上芜荑酱(一种中药),臭不可近。王安石解释"美"字,说从羊从大,羊之大才美,我真不知道他是怎么得出这个结论的。

张鹗有一天拿着纸请苏东坡写一幅字,苏大笔一挥,写下了《战国策》中的四味药送张:无事以当贵,早寝以当富,安步以当车,晚食以当肉。

我在笔记新说系列之《字字锦》一书里,关于"晚餐以当肉"的理解,看来有点欠妥,我纠结于晚点吃还是晚餐必须要有肉,其实,这里是表达一种心情,安于贫困的人,吃一顿晚餐,即便粗茶淡饭,也等于吃肉一样。

"烂、热、少"三字经,对很多人,尤其是老年人,极合适。每一个字都做到,其实并不难,关键是适度,能够很好地控制自己的嘴巴,就能很好地养生。

根据作者的经验,食材无所谓好坏,只要是时令菜,再遵循三字经原则,想来不会坏到哪里去。他用北方羊来佐证,更加说明加工方法的重要,同一种食材,做法不同,味道大相径庭。

吃的学问有许多,三字经只是其中之一罢了。

(出自宋·周辉《清波杂志》卷九《说食经》)

"池鱼"不是鱼

张无尽尝作一表云:鲁酒薄而邯郸围,城门火而池鱼祸。

上句出自《庄子》,下句不知所出,以意推之,当是城门失火,以池水救之,池干而鱼死。

字典《广韵》中"池"字注解说:池,水沼也,古代有个姓池名仲鱼的人,城门失火不幸被烧死。谚曰:城门失火,殃及池鱼。

白居易也有诗:火发城头鱼水里,救火竭池鱼失水。这说明,当初池鱼是一个人的说法,并没有流行。但是,《广韵》里这样说,应该是有根据的。

张无尽是宋代的丞相。

《广韵》是北宋官修的一部大型韵书。

而白居易的说法,已经代表大众,按这个时间表推算,除非《广韵》编著者在前代的辞书里,找到强有力的证据,否则,说服力不强。

然而,池鱼是一个人的说法,从字面上没有破绽。且《广韵》也是在前人《切韵》《唐韵》的基础上修订而成的,那么,时间上要早于白居易。

其实,这个典故在白居易之前老早就有人用了,北齐杜弼《檄梁文》里就有:"但恐楚国亡猿,祸延林木,城门失火,殃及池鱼。"

比杜弼早的也已经有正确的解释。

东汉,应劭《风俗通·佚文·辨惑》载:"城门失火,祸及池鱼。俗说司门尉姓池名鱼,城门火,救之,烧死,故云然耳。"

这样说来,《广韵》说池鱼是一个人,是有依据的。只是后人在流传这一事件时,将名字理解成了"池里的鱼",城门失火,殃及无辜的池鱼,比喻受到无辜牵连。很切题嘛。

有池氏谱牒称,池仲鱼为池氏第49世孙。

以此类推,以讹传讹的事,不胜枚举。只是,讹到后来,错误的反而变成正确的。

我(陆春祥)十三岁时,一颗大牙外又紧生了一颗虎牙,医生见虎牙长得好,就将里面的大牙拔掉,将虎牙扶正,几十年来,虎牙表现良好,一直在我的口腔里主持工作。那颗失去的大牙就是司门尉池鱼,虎牙就是没水喝而死的池中鱼。

(出自宋·周辉《清波杂志》卷九《池鱼》)

冬舂米

吴中老百姓家里，算好一年要吃多少米，到了冬天，全部舂好，并将它储存起来，大家都叫它"冬舂米"。

我（陆容）当初的理解是，春天来了，农事繁忙，百姓没有工夫做这种闲杂碎事，就在冬天将其准备好。

最近，我和一位老农民，闲聊起此事，老农告诉我：不仅仅是这样的。春天舂米，春气动，谷芽开始浮起，米粒就不坚硬。这时舂米，米容易碎，损耗很大的；冬天舂米，米粒坚硬，损耗少！

生活中的许多小常识，都是人们经年累月的经验总结。

按季节言，冬天有冬天要干的事，夏月也有夏月该做的事。将冬天做的事放到夏月做，有时就会很不合适，上面的冬舂米，大约就是典型的例子。

闲冬腊月，我们白水小村里就开始打年糕，每户都要打不少，晾几日后，浸到水缸或木桶里，要吃捞几条，滑嫩柔软。立春过后，那浸年糕的清水，就要勤换，即便勤换，年糕吃起来口感也远远不如立春前。我（陆春祥）的习惯，除去冬季，其他季节的年糕基本不吃，因为没有那种特有的柔软感。

我也喜欢吃黄瓜、茄子之类的时蔬，但是，六月的黄瓜、九月的秋茄，我最爱。特别是六月的黄瓜，切成薄片，经阳光简单暴晒，那卷卷的疲软的瓜片，微盐略渍，加上切细的青椒，妈妈的拿手菜，想着就流口水。

机械化，现代化，流水线，将季节、时令，统统打乱。

不能想象，一个专门生产米的食品加工厂，只有冬季才舂米。

我无知，也许春天舂米易碎，科学早解决了。

但我还是怀念那个"冬舂米"。

（出自明·陆容《菽园杂记》卷二）

"不借"

俞君宣《挑灯集异》有《鹧鸪天·咏草鞋》词云：少时青青老来黄，千柩万结得成双。甫能打就同心结，又被旁人说短长。云雨事，我承当，不曾移步至兰房。有朝一日肝肠断，弃旧怜新撇路旁。

草鞋，又叫绳菲，见《仪礼》。又叫"不借"，汉文帝穿着"不借"上朝。唐诗中有"游山双不借，取水一军持"。军持，僧家的净瓶。

"草鞋词"，是常见的咏物诗，借此喻彼。

草鞋的一生，应该从稻田开始。它们完成了繁育稻米的任务后，已经被掏干，老了的身体，仍然要护人们脚的短长。它们仍然低贱，不可能进香房，它们一向勤劳，风里来雨里去。它们的命运，穿烂了，被丢弃在了路旁。

"不借"，这个名挺有意思，其实是"不藉"。汉文帝"履不藉以视朝"，"不藉"，就是汉代的草鞋。当然，不仅仅是稻草，还有麻绳也是可以打草鞋的。"文景之治"的皇帝之一刘恒，相当节俭，在位二十三年，宫室、园林、服饰、御用器具等，均无更新，没任何奢侈之处。

古人游山玩水，也常穿草鞋，比那些木屐安全多了。

小时候，冬闲季节，外公自己打草鞋，常常一打几十双，我也穿过，但不会打。放牛，上山砍柴，草鞋比一般的鞋子要安全，冬天也可以在草鞋中加穿厚布袜子，挺暖和的。

其实，稻草做成草鞋，只是稻草的命运之一，稻草还可以做成纸。上好的宣纸，在历代文人的笔下，尽显山水意象，这种意象，比如那些名画，往往长久永生。

（出自清·褚人获《坚瓠集》，戊集卷之四《草鞋词》）

敲钟的数字

天下晨昏钟声之数,基本上都是敲一百零八声。这是暗喻一年的意思。一年有十二月,有二十四节气,又有七十二物候,这些数相加就是一百零八。

但声之缓急节奏,各处还是不同。

苏州一带这样敲:紧十八,慢十八,中间十八徐徐发。两度凑成一百八。杭州一带这样敲:前发三十六,后发三十六,中发三十六声急,通共一百八声息。绍兴:紧十八,缓十八,六遍凑成一百八。台州:前击七,后击八,中间十八徐徐发,更兼临后击三声,三通凑成一百八。

七十二候的起源很早,五天为一候,三候为一节气。每一候,均以一种物候现象相对应,所以叫"候应",如动植物的"鸿雁来""虎始交""萍始生""苦菜秀""桃始华""蝉始鸣""蚯蚓出"等,都是人们在长期的生活和生产实践中摸索总结而成的。

这一百零八声钟声,就是人们对岁月平安的向往。

要平安,就要遵从物候。动物该繁殖的时候,你猎杀,久而久之,那些动物就会绝尘而去,世上再无。

不时敲一敲钟声,是不是也是提醒呢?提醒人们注意和周边自然世界的关系。它好,你才能好。

钟声和平安之间到底是怎样一种关系,是撞掉秽气,还是撞来运气?其实,不管哪种理解都可以。秽气撞掉,就是运气来了,或者说,平平安安就是福。

现今很多场合的敲钟,却变形了许多,少了庄严,多了铜味,没钱不能敲。如果在寺院,有名气的寺院,逢节敲钟,那不是一般的价格。

无论哪个地方,如果隔个五天,就有悦耳的钟声敲起,不管紧十八,慢十八,都是一种提醒,提醒里有人类深深的责任。

(出自清·褚人获《坚瓠集》,辛集卷之一《晨昏钟鼓》)

吃墨水

梁朝考进士,考不中的要罚吃一斗墨水。

北齐考秀才,字写得不好的,也要罚吃一斗墨水。

苏东坡《监试呈诸试官》:"麻衣如再着,墨水真可饮。"

黄山谷有诗:"睥睨纨绔儿,可饮三斗墨。"这说的是胸中无墨,所以用喝墨水来作处罚的手段。

王勃每次写文章,都要先磨数升墨汁,一口气喝下去,拉了被子倒头就睡。睡醒后,拿起笔就写,不改一字。人们都说,他是在打腹稿。

这得首先确定,墨是不是可以吃?

宋人李美的《墨谱法式》记载:

牛角胎三两,洗净、细锉,以水一斗,浸七日;皂角三挺煮一日,澄取清汁三斤,入栀子仁、黄檗、榛皮、苏木各一两、白檀半两、酸榴皮一枚,再浸三日。入锅煮三五沸,取汁一斤,入鱼胶二两半,浸一宿,重汤熬熟,入碌矾末半钱,同滤过,和煤(烟)一斤。

这样看来,这个墨,是不能吃的,但可以作药,里面有不少药材。

墨既然不可以吃,那么,这就是一种理想了。中国文化中,墨向来是文才的比喻和借代。没有文才,就是胸中无墨，只有喝点墨下去了，情理上也说得通。

所有的文人，都希望自己的笔，能生出花来。梦笔生花，这也是和胸中无墨相连着的一个成语。

晋代王珣梦人授以如椽大笔，梁朝纪少瑜也梦陆倕授以一支青镂管笔，南朝江淹梦得五色笔，唐朝李峤儿时也梦人授以双笔，李太白梦笔生花，五代马裔孙梦神手授二笔。这些人，自梦中授笔以后，文章日益长进，辞章大爆发，从而文章盖天下。

江淹中年以后，文章大不如以前，甚至没有作品，江郎才尽，也是因为他的笔在梦中被人收回去了。这当然不是真的，但政事繁忙，影响创作，却是真的，多少人都和他一样，才尽了。

像王羲之那样，手指上沾着墨就吃蒜泥和饼，精神真可提倡，这是读书练字忘记了自己。不过，墨水，还是不建议吃，肠胃不好，吃了会立即拉稀的。

（出自清·褚人获《坚瓠集》，续集卷之一《饮墨》《梦笔生花》）

草青与九白

宋代洪皓的《松漠纪闻》说，女真族的老百姓不知道纪年，问他们的年纪，这样回答：我已经看见草青几次了。他们是以草青一次记一岁的。

《蒙古录》载：他们的习俗，也是草青为一岁。人问年纪，也说草青几次了。见月圆为一月，如果看见草青得比往年迟，就知道是闰月。计年，春秋则说草青草枯；计月，初一十五就说月缺月满。

《传灯录》载：二十二祖摩拏罗到月氏(zhī)国，鹤勒那问祖，说："我到林间已经九白。"印度以一年为一白，九白就是九年。

殷商的甲骨卜辞中，已经开始用天干地支来纪日纪月纪年。但一些少数民族，仍然会用部落原始的方法记事，就如结绳记事的远古。

其实，天干地支也都和植物有关。干，树干；支，树枝。十天干和十二地支，每一个都和大自然的时令相对应。

下面这些天干地支的基本意义，数千年来已经被相对固定。

比如天干。

甲：草木破土而萌，阳在内而被阴包裹。

乙：草木初生，枝叶柔软屈曲。

丙：炳也，如赫赫太阳，炎炎火光，万物皆炳燃着，见而光明。

丁：草木成长壮实，好比人成年。

戊：茂盛也，象征大地草木茂盛繁荣。

己：起也，纪也，万物抑屈而起，有形可纪。

庚：更也，秋收而待来春。

辛：金味辛，物成而后有味，辛者，新也，万物肃然更改，秀实新成。

壬：妊也，阳气潜伏地中，万物怀妊。

癸：揆也，万物闭藏，怀妊地下，揆然萌芽。

比如地支。

子：孳也，阳气始萌，孳生于下也。

丑：纽也，寒气自屈曲也。

寅：演也，津也，寒土中屈曲的草木，迎着春阳从地面伸展。

卯：茂也，日照东方，万物滋茂。

辰：震也，伸也，万物震起而生，阳气生发已经过半。

巳：巳也，阳气毕布已矣。

午：仵也，万物丰满长大，阴阳交相愕而仵，阳气充盛，阴气开始萌生。

未：昧也，日中则昃，阳向幽也。

申：伸束以成，万物之体皆成也。

酉：就也，万物成熟。

戌：灭也，万物灭尽。

亥：核也，万物收藏，皆坚核也。

以此观察，草青草白，一岁一枯荣，只是大自然之中一环节，不过，以此重要环节完全可以借代纪年，不会有歧义。

从文学角度看，草青草白，反而更有文学意象。

人和大自然相比，实在渺小，草枯了可以再青，人却一眨眼就老了，夕阳无限好，只是近黄昏。

（出自清·褚人获《坚瓠集》，续集卷之二《草青为岁》）

里程记数器

记里鼓，又叫记里车。车上有两层，每层都有一个小木头人，每行一里，下层小木人就击鼓一槌，行十里，上层小木人击镯子一槌。

郎仁宝的《七修》上说：正德年间，某学使曾以此内容出题考试，全场考生都不知道这个记里鼓是什么时候发明及谁发明的。

杨铁崖《记里鼓赋》中也没有说什么时候流行以及它的发明人。

《三朝志》记载：记里车，唐元和年间金忠义所作。宋代天圣年间，内侍卢道隆又造之。

然而，陈眉公《书蕉》又记载：记里鼓，刘宋高祖平姚泓所得。

这个记里车，诞生的年代及发明人，都不确切，但它确实是个好发明。不然，学官不会出题考学生。凡是可以用来作学生考题的，应该都是比较有普遍意义的，且是重要发明。

有了这个记里器，军事、交通、民生，都会发生根本性的大变化。

比如军事，计算准确，整个国家的南北东西，再也不

是模糊概念,边界清楚,有利于作战机遇的把握。

比如交通,运送货物可以按里计费。

甚至连人们的旅行,也有了大变化,此处到彼处,多少行程,一清二楚。

中国古人在机械方面的发明创造,有许多是世界领先的。古希腊的特洛伊木马只是神话,而诸葛亮的木牛流马,则已经在战争保障中大显身手。

现代公里记数器则简单得很,发动机的轴将动力传给变速箱,变速箱输出轴上安装脉冲发生器,用导线将电脉冲传到仪表里就可以。

所以,轮胎的规格是会影响里程数的,就如记里鼓,车轮的大小,都会影响小木人击槌的准确性。

(出自清·褚人获《坚瓠集》,广集卷之一《记里鼓》)

吹泡泡

小儿玩游戏,用灰淋水,叫"灰汤"。

将松香放入水,松香多少,则根据灰汤多少酌量控制。

用细篾片,做成一个小圈圈,小圈上安一根稍粗一点的直篾,将松香和水拌细拌稠,用圈蘸汤,向空中一绕,就会形成琉璃状的泡泡。泡泡有大有小,大的有碗口般,中的也似拳头样,如茶杯样,更有小的,随风飘荡,顷刻烟灭。如果,灰汤经太阳晒一晒,则会更浓些,随手一绕,可以形成数十个泡泡。从楼上台上高处,多人绕放,则轻飘错落,令人眼花缭乱。

古代儿童也吹泡泡,做法比较简单。

这应该是普通的化学合成反应,再加上适当的小工具,儿童的游戏天空就增添了无穷的快乐。

可以想象,如在《清明上河图》一样的场景中,行人热闹往来,但街市中最亮

丽的风景,还是嬉耍的儿童,如果他们每人手里,都拿着灰汤棒棒,随风而跑,随手而绕,行人一定会被这五彩撩拨得心花怒放,就连那些板着脸的城市管理者,也时有会心一笑。

好玩的是,站在高处吹泡泡。天上突然飘来五色祥云,行人会从五彩的泡泡中看到另一个多彩的世界。

现代孩童玩泡泡,比古代儿童要幸福多了。从技术角度说,小泡不仅可以如珠,还可以长串,大泡不仅可以生出小泡,也可以套着小泡,大泡里面还可以藏进人。用料也简单至极,洗衣粉加点水就可以了。

游戏也是时代进步的镜子。

(出自清·刘廷玑《在园杂志》卷四)

者者居

我（钱泳）游历过的地方，不过七八个省，每每见到好的古碑、石刻、匾额、楹联之类，我都要随手记下来。

如酒店叫"二两居"，楹联是：刘伶问道谁家好，李白回言此处高。河南永城、睢州一带，有酒店联：入座三杯醉者也，出门一拱歪之乎。山东济南府省城，有酒店叫"者者居"，我不懂。

一日，在孙渊如观察席上谈及此条，有一当地人在座，他说这出自《论语》。我问《论语》哪一章？他答：近者悦，远者来。

大家一听，都认为这个店名妙绝。

让人铭记于心的，无非是这样几个条件：新鲜，好玩，有意思。不新鲜，肯定不好玩，即使有意思，人家也记不牢。

"二两居"的妙处在于：对联犹如一个极有意思的场景，两个不同时代的酒量极大的千古文人，跨时空对话，此地，有二两足够了。质量好，品位高，省钱又过瘾。

者者居，由冷僻到拍案。近者悦，来过的人高兴；远者来，这种情绪会影响远方的客人。犹如淘宝网上门店的星钻，颗数越多越好，天南海北，再远的人，都不影响网购。而且，者者居，还来自于《论语》，中国最有文化的一本书之一，连喝酒，也要喝出文化。

产品的竞争，就是文化的竞争，古今概然，者者居，就是一个很好的古代案例。

（出自清·钱泳《履园丛话》卷二十一《笑柄·者者居》）

为何称物为"东西"

　　伊墨卿太守和我（梁章钜）说：以前听朱石君说，世俗通行之说法，都叫东西而不叫南北。东指的是我们国家的儒家，就是孔子的东家；西就是西方教派，说的是西方圣人。这两个，足以涵盖一切。但可惜，没有听说这种出处来自于什么书中。

　　我曾经私下问过纪晓岚老师，他笑笑答：朱石君自己很相信西方教派，所以有这种说法。

　　我也曾经听说过，明朝崇祯皇帝曾经问过他的下属，当今市面上交易，只说买东西，而不说买南北，是什么原因。周延儒这样回答：南方属火，北方属水，黄昏时跑到人家家里去求水火，人家是不会给你的，所以只说东西，东属木，西属金，木金，好物品！

　　我认为，周延儒的回答，也只是一个角度，也不见得有证据。《齐书·豫章王嶷传》有："上谓嶷曰，百年亦何可得，止得东西一百，于事亦得。"似乎当时已经将物品叫东西了。

　　物产四方，而简约举例东西，正好比历史记载四时，而简约说春秋一样。

困扰的，远不止作家梁章钜。

他这里举的几个例子，只是"东西"的几种说法而已。

梁作家没法搜索，只能凭自己的阅读和交往，视野极其有限。

关于"东西"，至少还有以下两种说法，民间广为流传：

源于东汉。东汉有两京，西京和东京。西京是长安，东京是洛阳。到东京买物品，简称"买东"；到西京买物品，简称"买西"。久而久之，人们就将"东西"当作所有物品的指代了。

源于朱熹的小故事。这个故事，其实和周延儒的差不多，只不过有个完整的情节：据说，南宋理学大家朱熹，在未出仕前，家乡有个叫盛温和的好友。一天，两人相遇于巷内。盛拿着一个竹篮子，朱熹问他去哪里？盛回答：我要去买点东西。朱熹的脑子向来异向思维：你说买东西，为什么不说买南北呢？盛答：东方属木，西方属金，南方属火，

北方属水，中间属土。竹做的篮子，盛火会烧掉，装水会漏光，只能装木和金，我当然不会无聊地去盛土啦，所以叫买东西，不说买南北。

梁的简约说，似乎有点道理。反正列举不完，用借代，也是中国人的常用方法，但是，问题还是有。

小时候，我们常去弄堂里的小店打酱油，那店，就叫"南货店"。在南方中国，南货店遍地都是，它是我们童年的记忆。

这又糊涂了。为什么不叫北货店？为什么到南货店里买东西？

真是有点绕。

《魏书·食货志》《旧唐书·李勉传》中都有"南货"，专指南方的特产。

我刚刚读完的清人李斗的笔记《扬州画舫录》，其中《草河录上》有这样的记载：行货半入于南货，业南货者，多镇江人，京师称为南酒，所贩皆大江以南之产。

还是专指南方特产。

看来，南属火，篮子里装南方好东西的时候，不必担心火会烧篮。

"南货店里买东西"，我真想建议教育部考试中心，将这一句放入汉语水平考试经典试题中，不管哪个外国人，只要能清楚地读懂，那就真正读懂了中国。

（出自清·梁章钜《浪迹续谈》卷七《东西》）

杭州地名雅对

我（梁章钜）以前读汤春生的《文章游戏》中，有杭州地名集对，但因为那些地方，我都没去过，所以也没有抄录下来。今年，我将居住杭州，已在三桥址那边租得一宅。我看房子时，跑了好多地方，看见那些名字，都很熟。今后，我将在杭州的街巷中来往，这些名字必须要熟悉的。这里抄录一些比较有文化的且成对子的地名。

二字对：

官巷；衙湾。泥坝；土桥。湖墅；山墩。仓巷；棚桥。古荡；新桥。马衖；车桥。

三字对：

五老巷；三元坊。黑亭子；红庙儿。芭蕉弄；葫芦兜。红门局；白井亭。

草鞋岭；箬帽滩。珠冠弄；玉带桥。砚瓦弄；棋盘山。石屋洞；草桥门。

金钱巷；元宝街。楚妃巷；越王山。狮子巷；猫儿桥。大仓后；小学前。

助圣庙；兴贤坊。八仙石；三圣桥。十八涧；六一泉。佛慧寺；仙灵桥。

浑水埠；清河坊。凿石巷；打铁关。里塘巷；后市街。六克巷；千胜桥。

六和塔；四宜亭。祖庙巷；宗宫桥。金门槛；石牌楼。朱霞弄；青云街。

祥符寺；淳祐桥。桐枝巷；松毛场。羊角埭；狗毛滩。塔儿巷；灞子桥。

小娘弄；高士坊。十字路；八卦田。高银巷；文锦坊。黄泥岭；乌石峰。

梅青院；柳翠桥。仓基上；饷部前。萧山弄；余杭塘。百福巷；万安桥。

猪圈坝；鸡笼山。威乙巷；拱宸桥。新塘上；旧府前。火德庙；水香庵。

八盘岭；九曜山。同安里；太平桥。海会寺；江涨桥。老东岳；赛西湖。

城头巷；湖心亭。栖霞岭；登云桥。猪婆弄；鳖子门。林司后；薛衙前。

扇子巷；靴儿河。猪头巷；鸭卵兜。虎跑寺；龙吟庵。延龄埠；流福沟。

木屐弄；笤帚湾。夕照寺；初阳台。三桥址；百井坊。保俶塔；渡子桥。

蝙蝠洞；螺蛳门。燕子弄；雀儿营。白马庙；青龙街。高丽寺；满洲营。

孩儿巷；丈人峰。

四字对：

张御史巷；王状元园。范郎中巷；李博士桥。胡打笤巷；嵇接骨桥。城南古社；梅东高桥。神霄雷院；天汉洲桥。

六字对：

二圣庵，三圣庙；十字路，五字桥。

大方井，小方井；南高峰，北高峰。

老龙井，小龙井；新马头，旧马头。

义井巷，义门巷；孝子坊，孝女坊。

多子街，多福弄；旌德观，旌功坊。

严官巷，蔡官巷；陈衙营，莫衙营。

两百多年过去，杭州的地名对中有相当多的还在，但好多已经消失。

杭州的地名，就是杭州这座城市的骨骼经脉符号，有丰富的历史。

杭州老市长苏东坡《闻林夫当徙灵隐寺寓居戏作灵隐前一首》诗的前两句是："灵隐前，天竺后，两涧春淙一灵鹫。"这里就有五个地名：灵隐、天竺、灵鹫、南涧、北涧。

地名中有厚重历史。

金银巷、元宝街、高银巷：南宋的时候，这些巷子里，真的成天流淌着白花花的银子，各类繁荣的市场，交易额巨大。

湖心亭：张岱的《湖心亭看雪》，篇幅不长，却和苏轼的"淡妆浓抹总相宜"一样，都是写西湖的杰作。

孩儿巷：以前叫泥孩儿巷，南宋时，这条不长的巷中，有许多出售泥娃娃的小摊。

我住在拱宸桥边，走运河天天经过登云桥，上班开车要过哑巴弄，经湖墅，到达单位。单位边上有百井坊、梅东（登）高桥、莫衙营。双休日登六和塔、保俶塔，爬初阳台、栖霞岭，去南高峰、北高峰。

好多地名改了。

好多地名消失了。

杭州市地名办，地名的权威解释部门，他们有专门的地名系统库，朱文军处长帮我理了下，三字对中消失的地名有：

五老巷、黑亭子、红庙儿、芭蕉弄、葫芦兜、白井亭、草鞋岭、箬帽滩、珠冠弄、砚瓦弄、草桥门、越王山、狮子巷、猫儿桥、大仓后、小学前、兴贤坊、八仙石、佛慧寺、仙灵桥、浑水埠、凿石巷、里塘巷、千胜桥、宗宫桥、朱霞弄、祥符寺、桐枝巷、新塘上、松毛场、羊角埂、狗毛滩、文锦坊、乌石峰、梅青院、仓基上、百福巷、猪圈坝、威乙巷、饷部前、萧山弄、灞子桥、小娘弄、旧府前、火德庙、水香庵、同安里、海会寺、赛西湖、猪婆弄、鳖子门、龙吟庵、延龄埠、流福沟、木屐弄、夕照寺、三桥址、渡子乔、螺蛳门、青龙街、满洲营、丈人峰。

四字对中消失的地名有：

张御史巷、王状元园、范郎中巷、李博士桥、胡打茗巷、城南古社、神霄雷院、天汉洲桥。

六字对中消失的地名有:

二圣庵、二圣庙、十字路、五字桥、大方井、小方井、老龙井、小龙井、新马头、旧马头、孝女坊、多子街、多福弄、陈衙营、旌德观、旌功坊。

消失的原因多种多样,但不外乎城市发展了、改造了,原有地名已经严重不符合新的需求,且还有许多文化上的因素。

我傻想,如果这些地名都能保留下来,那该是一件多有意思的事啊,"张御史巷、王状元园、范郎中巷、李博士桥",每一个都有一长串丰厚的故事。

但消失不等于消亡,而是融合,即便改造后的地名,也与原地名有着千丝万缕的血肉联系。

(出自清·梁章钜《浪迹丛谈》卷七《巧对补录》)

有思想的少年

牛吞衫　　　　　　　　　　　　为袍所累
头上有个包　　　　　　　　　有思想的少年
欹器（不倒翁）诫　　　　　　长啸之法
感恩为相　　　　　　　　　　不要小报告
天下第一乐　　　　　　　　　一事藏三十年
闲日子如何打发　　　　　　　投黑豆自警
少一个"圣"字还了得　　　　性格官员吴献臣
誓俭草

我妈九岁的时候,我外公就去世了,他留下九个字的遗训:人难做,做人难,难做人。他是教书先生,用纯正的楷体书写在他的书箱上。

该怎么做人?

有传统和现实教育我们:不要急躁,一急就会出事(《牛吞衫》);做任何事都要适度适中(《欹器(不倒翁)诫》);要光明正大,千万不要小报告(《不要小报告》《少一个"圣"字还了得》);要常常自省(《投黑豆自警》);要学会感恩(《感恩为相》);不要随随便便让自己的膝盖软下来(《头上有个包》)。

千条万条,做好人其实只有简单的几条:孝顺,正直,感恩,勤俭,自省。

牛吞衫

庚寅年间，茅山村中有个人在放牛。天气晴好，放牛倌将所穿的汗衫洗好，晒在草地上，自己在一旁舒服地枕着臂睡觉。他醒来时发现汗衫不见了。只有边上一个邻居家的小孩子在，他立即认为，一定是小孩偷了他的汗衫。他就对着孩子大喊大叫。

孩子父亲听到情况，急忙赶来。问了缘由，非常愤怒：生儿做小偷，我还要生你干什么！就将小孩举起，用力地丢到水中。幸亏小孩识得一点水性，慢慢从水中爬上来，对着他父亲说冤枉啊冤枉。父亲还是很愤怒，又要将小孩举起丢进水中。

突然，乌云密布，天雷暴至，轰轰轰，将牛给震死了。

一个意想不到的结果是，那件汗衫居然从牛的口中吐出。

牛会不会吞衫？应该有可能。吃惯了草食，突然发现一种不一样的东西出现在草地上，村人虽有洗涤，不见得上面就完全没有臭烘烘的汗渍了，吃吃也无妨，于是，汗衫连着长草一起卷进了肚。

对放牛人和小孩的家长来说，都应该三思：

放牛人在情况没有弄清之前，不要乱猜测，瞎指责，且证据不足地指认，极有可能让小事情酿成大错；家长也不能见风就是雨，虽然不能完全护着儿子，但弄清真相，再做决定也不迟。

晴天霹雳，肯定会有，但这里的巧合，实在有点牵强，雷是说来就来的吗？雷是等在天上辨是非的判官吗？显然都不是，雷也要生成的条件；那牛有点冤枉，舒适地、闲闲地、在草滩上吃草，突然横遭雷劈。

品德教育的确重要，但得讲究方法，否则，老天都看不下去了。

疑人盗斧的弊端在于，主观成见仍然是正确认识客观事物的最大敌人！

（出自宋·徐铉《稽神录》卷一《茅山牛》）

为袍所累

刘先生，河朔地方人，六十来岁，居住在衡山的紫盖峰下。

刘经常在衡山县一带活动，大家都认识他。他讨得一些钱后，就去买些日用品回山，用完再出山。每天，他挎着个竹篮，篮中放着大小不同的，像笔一样的小扫帚，在各个寺庙里跑来跑去，哪座神佛的塑像上有灰尘，他就用笔拂拭掉，神像的鼻子耳朵嘴巴里有灰尘，他都一一清扫，扫得很仔细。

有一富人，看到老刘这样的行为，极赞赏，就送了他一件精致的衲袍。刘非常高兴地接受了。

过了不少日子，富人又碰到刘，只见刘仍然穿着破旧的粗布黑衣服，问他为什么不穿袍？刘答：我差一点被您的好心所牵累啊。我经常出门，到哪儿睡哪儿，庙庵里有门也不关，晚上回来倒头就睡，门也不锁。自从得了您的袍之后，不穿在身上出门，心里就记挂着，怕人偷，就跑到市场上买了一把锁，出门就将门锁上。如果穿在身上出门，夜晚睡觉的时候，又要将门紧紧关上，还是怕被偷。我是穿也不好，不穿也不好，心里总有个东西搁着，七上八下，不能安心。今天我穿着袍到街上来，忽然明白，我这些天不开心，心有所牵，都是因为这一件袍啊，真是可笑之极。

刚刚碰到一熟人和我聊天,我就脱下袍送给他了。送掉之后,我的心立即坦然,一点东西都不挂念了。呵呵,谢谢您的好意,但我真是差一点被您的袍所累啊!

刘先生,依旧过着他无袍的快活日子。

这里,作家的用意其实很明显,袍只是一个比喻,它是外物的一种,是牵累我们内心良好而诱人的物质代表。

在我们的日常生活中,此袍可以借代成金、银、珠、宝、酒、色、名、利等,有形的,无形的,几乎可以囊括。李白洒脱,只想喝尽天下美酒,那他也是千方百计为自己创造喝到美酒的理由和机会,听说哪里有美酒而不能得时,还要耿耿于怀。

即便,这些东西你已经统统放下,心里只想着不要财物,不要名利,然而,心里老惦记着某样东西,也是一种牵挂,还没有真正放下。

因此,为任何一物所累,人都不会快活。

这些道理一般人都懂,难在像刘先生那样,毅然决然,放下袍子。

刘先生,真不普通,大智!

(出自宋·郭彖《睽车志》卷六)

头上有个包

韩魏公在永兴路军做领导时,一个幕官来参见他。他朝幕官仔细看了又看,很不高兴。一连几个月,韩都不曾和他说一句话。

韩的部下,逮着一个机会,问原因:那个幕官,您以前也不认识,为什么见了一次之后就这么不高兴了呢?

韩答:我见他额头上有一个隆起的包,这一定是叩拜磕头磕出来的。这样的人一定不是好官,关键时候不能派用场的!

韩魏公确实是正派之人,这样的人,一般都不喜欢拍马屁。

先岔开下,说说他的气度。

宋施德操的《北窗炙輠录》卷上载:某次,韩魏公与范仲淹议事,意见不合,范径直拂衣离开,魏公从后面一把抓住范的手,和气满面地说:好商量好商量,范也马上态度转变。这一握手,两个重要人物又重新坐到一起讨论了。

这里,作者并没有写幕官的拍马,只写了他的一个特征,见官就跪,只要比他大的官,不管三七二十一先磕头。

当然,有些官员喜欢这样的人。凡事顺着自己,从不和自己争吵,只会附和,这样的人,虽然没有主见,但绝对服从,还是可以用的,只要不是重要岗位。于是,官场上磕头的人,也就有了一席之地。

(出自宋·佚名《道山清话》)

有思想的少年

黄致一,十三岁初次科考。当时,他们拿到的题目是"腐草为萤赋",同场考生,认为黄年纪小,漫不经心地告诉他主题:萤嘛,就是我们所说的聚萤读书,草嘛,就是青青河边草,也可以比喻,君子之德风,小人之德草,都可以用的。

考完试出来,大家一对题,黄致一的开头是这样的:昔年河畔,常叨君子之风;今日囊中,复照圣人之典。

哈哈,完全出人意料,那些想骗他的大考生,无地自容。

刘无言,十七岁就读太学了,时称俊才。有一天,他偶然读《司马穰苴传》句:"将在军,君命有所不受。"他就和同宿舍的同学讲:我明天考试,题目肯定是这一句。

第二天,考的是《神宗实录》。考完出来,同学问,哎,这个题目,和你昨天说的不一样吗。刘无言回答说:我握笔的权力,就如同将军指挥士兵,完全由我自己,即便君命也不会接受的。

各位大同学一听,立即拱手称赞,刘无言的文章,拿到第一名毫无悬念。

　　黄致一碰到的场景，我读书的时候也经常碰到。

　　每次考试前，大家都会猜题，这个可能要考，那个也非常重要，有些成绩好的同学是有经验的，但讨论的时候往往会将讨论带往阴沟里，目的很简单，大家都弄清了题目，他就没有优势了。

　　考作文，就更有意思了，每个人都可以有不同的理解，但总归是有几种主题的，有些同学，材料分析不透，一不小心，就写歪了。

　　黄致一的那些大同学，就是想将他带沟里去的。

　　而刘太学生，他看到这一句的时候，心里早就想好了，他的这种想法，适用于任何题目，我的地盘我做主，我的文字我做主。

　　黄、刘两少年，文章作得好，根本原因在于平时大量的阅读和观察，如此，才会有自己独立的思想和见解。

（出自宋·施德操《北窗炙輠录》卷上）

欹器（不倒翁）诫

有天晚上，苏易简翰林在宫中值班，他得到了一个欹器（不倒翁），江南徐邈做的，名牌产品。他闲着无事，就用水，倒进倒出，试着玩。一小太监来传达命令，正好看见，他不知道这是个什么东西，就悄悄地告诉了宋太宗。

第二天早上，太宗将苏翰林叫来，研究事情。

太宗问：哎，你昨晚玩的东西，是不是不倒翁啊？

苏老老实实答道：是的。

苏急忙从怀里拿出不倒翁，双手递给太宗。太宗也很好奇，亲自用水倒进倒出，多一点水，不倒翁倒了，少一点水，不倒翁也倒了，只有水量适当的时候，不倒翁才会立在那儿一动不动，这个水量只相差一丝丝。

做完这个实验，宋太宗很有感叹：这真是圣人告诫我们的道理啊，千真万确！

见此，苏易简立即拍马屁：愿陛下您治理国家，也像执这样的神器，行事有度，适中均衡，那我们的千秋大业，则可以与天地相同。太宗笑笑，对苏易简说道：如果它的肚子里装酒，欹器的品德，会不会因为酒而有沉湎之过啊？

太宗这个假设，是有根据的，苏易简喜欢喝酒，常常喝过头，太宗就是想以不倒翁来敲打敲打他。

苏易简听到太宗这样问，立即汗流浃背，惭愧得很。

太宗心情大好，索性亲自撰写《欹器铭》及草书《诫酒诗》赐给他，这一下，苏易简真是赚大发了！

宋太宗也是饱读圣贤书，他一番实验就有了感叹，因为《荀子》里就记载了孔夫子见到不倒翁的感叹。

有一天，孔子到鲁桓公的太庙里参观考察，见到欹器，他不认识，于是问守庙人：这个是什么器具呢？

守庙人答：这是一个如座右铭一般的器物，倾斜易覆，且充满道理。

孔子自言：噢，我听说过这种器物，空着时会倾斜，水装了一半就会正，装满了又会翻倒。

孔子回头对随行的学生说：往里面灌水吧，我们试验一下。学生弄来水，倒了一半，果真正了，装满了，果真倒了，全部倒空，它又倾斜了。

此情此景，孔子也很感叹：唉，哪有倒满了水而不翻倒的啊！

宋太宗的高明之处还在于，他早就知道这个道理，恰好苏易简玩了这个不倒翁，于是借机教育，现场教育，效果大好。

那《欹器铭》和《诫酒诗》，表面上是写给苏易简的，其实，宋太宗是想教育大宋王朝的全体干部群众：做官做人，都要掌握适度，不倒翁才永远不会倒！

（出自宋·文莹《玉壶清话》卷第一）

长啸之法

宋太祖出征,从太原返回,途经真定,顺便视察了龙光观,道士苏澄隐迎驾。

这苏道士,九十多岁年纪,清风道骨,相貌不凡。太祖很好奇,细细问了他的养生之法。

苏道士告诉皇上:我刚刚从外面游历回来,和亳州道士丁少微、华山道士陈抟一起,还有孙君房、獐皮处士等,又学到了很多。

太祖问:您学到了什么方法呢?

苏道士回答:也没有什么方法,只有一种长啸引和之法还可以一说。

宋太祖要求苏道士展示一下,苏道士于是长啸。

苏的长啸之声,清亮透彻,似乎传到遥远的天外,绵绵不绝。太祖惊叹了好久。苏道士一直长啸着,声音时而亮,时而细,亮如阳光灿烂,细如潺潺流水,太祖听着听着,竟然小睡了一会儿,醒来后,又吃了饭,愉快地伸伸懒腰,苏道士居然还长啸着。

宋太祖更加惊奇,再问苏道士引和之法、养生之法。

苏道士答:君王的养生,和我这个,是不一样的。老子说:我无为而民自化,我无欲而民自正,无为无欲,就能达到太和的境界,就可以像古代那些君王一样,将革命事业永远地继续下去,我认为这是正确的养生之法。

宋太祖于是赐苏道士为"颐素先生",据说,苏道士活过百岁。

清晨，我们常见那些早锻炼的人，对着河，对着湖，对着山，对着树，扯开嗓子，他们在天空和大地间长啸，声音有些肆无忌惮，但很少有荡气回肠的。

美国著名的萨克斯演奏家肯尼基，他的《回家》《茉莉花》风靡世界。2014年中秋节，他来杭州黄龙体育中心巡演，一上台，就是一首经典的《爱着你》，让人惊奇的是，他在这首曲子快要结束的时候，来了一个"循环换气法"，就是一直吹一个音，不间断，时间长达五分钟。五分钟还是很短的，他有四十多分钟不换气的纪录。其实，不换气是不可能的，只是他会循环换气而已。

那么，苏道士的长啸，很可能也如肯尼基一样，是循环换气，只是他练习得炉火纯青，一般人听不出来。

苏道士的长啸引和，应该还是可以学的，不难，难的是，君王的养生引和之法。要治理好一个国家，显然不可能无为无欲，这里的无为无欲应该有特指，就是君王必须放弃一些东西，放弃自己的，或者自己小集团的一些利益，以百姓为重。

简单说来，君王的长啸之法，应该是这样的：民为重，社稷次之，君为轻。

（出自宋·文莹《玉壶清话》卷第一）

感恩为相

张文定，洛阳人，年少时家里极贫困，父亲死了都没钱下葬，河南县史甲先生，替他父亲置办了棺木收敛。张文定深深感谢，并以兄弟感情对待。后来，张发达了，也不忘那人的恩情。

宰相赵普，秘密向宋太宗推荐张文定，宋太宗并没有重视。赵普就将张的事情向太宗一一介绍，并且据此推理：陛下，您如果提拔张文定，那么他日后一定会感恩，就如感恩帮助他葬父的那个人一样。

宋太宗听了很高兴，没过多久，果真提拔张文定做了宰相。

这里着重说的是，一个人的品行问题。

滴水之恩，当涌泉相报，古老的格言告诫我们，人一定要学会感恩。可现实往往不尽如人意，以怨报德，过河拆桥，谴责的就是那些不知道感恩的人，不知道感恩也就算了，还要害人，千方百计地害人。

不知道感恩的，也自有他们的逻辑，但一

定是强词夺理的。

　　帮助人是美德，知道感恩同样也是美德。张文定就是这种美德的良好践行者，他的声名越传越远，越传越好，终于，被责任心强的官员发现了，当然，皇帝也喜欢懂得感恩的人。

　　不要责备人家为你做了多少，而要常常反思，我为人家做了多少。以此推理，可以上升为国家和民族，若此，我们的牢骚和抱怨就会减少许多，心态也会平和许多，自然，这都是有利于健康的。

（出自宋·吴处厚《青箱杂记》卷二）

不要小报告

北宋建国之初,赵普做宰相。他办公桌的座位后面,挂有布屏,屏的后面,放了两只大瓮,凡是有人送上比较偏激的各类文字,他看完,随手丢进大瓮中。等东西放满了大瓮,就让手下将瓮抬到大道上,公开烧掉。

李沆做宰相时,正是太平时代,凡是喜欢激进好大喜功的建议,他一概不予采纳。还常常说:我就用这个,来报效我的国家。

这两个宰相有一个共同点,就是喜欢公开,有话好好说。

宋真宗就问李宰相:大臣们人人都有小报告给我,你怎么从来就没有呢?李沆回答:我当宰相,公事就在朝廷公开奏对,还要密奏干什么?凡是密奏,不是诬陷别人,就是对您献媚,我一向厌恶这种做法。

可以想象得出来,那些被赵普丢进大瓮里的东西,都是些见不得人的小报告,要么告人阴状,要么无中生有,要么小事生大,总之,都可以不理,你要是理了,好人就会受气,坏人扬眉了。

有些人做事总是喜欢走偏、出奇、使怪招,如果不带恶意,那也无伤大雅,只怕那些招数里,都暗含了些阴招毒招,一不小心就会上当。

防人之心不可无,置之不理,甚至烧掉,当着众人的面,就是最好的办法。

(出自宋·邵伯温《邵氏闻见录》卷第六)

天下第一乐

陆作家（陆游），引用护圣杨老的两个生活小技巧，很有意思。

一个是写被子的：被当令正方，则或坐或睡，更不须觅被头。

另一个是关于喝粥的：平旦粥后就枕，粥在腹中，暖而宜睡，天下第一乐也。

正方形的被子，不用找被头，困意上来，扯过盖上就是。

困的感觉大家都有，睡意上来，眼睛已经沉重合上，脑子却还有些知觉，手里也会摸来摸去，摸什么？摸被子，而长方形的被子，远不如正方形被子省事，扯来就是，哪里都能盖得严实。生活智慧啊！

早上喝粥后，肚子里暖和，拖枕，躺倒，再睡上一个回笼觉，那感觉，天下第一快乐的事情。

不过，乐不乐，其实是心境，被子的形状，温暖的粥，只是心境的表达方式。

心态平和，心无旁骛，满足于当下，那么，就是"粥后复就枕，梦中还在家"。

心态好了，即便喝粥，也能喝出天下第一快乐的事。

陆作家以前的惠洪和尚，写有笔记《冷斋夜话》，卷四有《梦中作诗》这样开头：崇宁元年元日，粥罢昏睡，梦中忽作一诗，既觉辄能记之。

喝粥喝出幸福的心情，才能诗意盎然。

（出自宋·陆游《老学庵笔记》卷二）

一事藏三十年

张文定以右拾遗的身份,做江南转运使。

有一天,他举行家宴,一用人偷了好多银器藏在怀中,张公从帘外仔细看了,却没有当面揭穿他。

张文定曾三次做宰相,他门下的工作人员,很多都得以推荐任用,只有那偷银器的,一直得不到任用。瞅准一个机会,偷者实在忍不住了,向张公发牢骚:我跟随您这么多年,比我迟来的人,都得到了提拔,您为什么独独不提拔我呢?话一说完,眼泪大滴大滴往下掉。

张公听完,脸上满是同情:我想不说的,你还要怨我,索性说了吧。你还记得我们在江南时的那场宴会吗?你为什么偷银器呢?这件事在我肚子里藏了三十年,本不想说的。我虽是宰相,提拔过无数的官员,但都是有原则的,怎么敢任用有偷盗前科的人呢?今天把事都说出来了,你肯定有愧心,我这里你是待不下去了,念在你为我服务三十年的面子上,我给你三千钱,你离开吧,自己去找个安身的地方。

偷银器者听完,一脸的震惊,哭着拜谢而去。

偷银器者，错在偷。这样的人如果被任用，有一种后果是，他在自己的任上，一旦有机会就会故伎重施，且胆子会越来越大，他会仗着自己是宰相府出来的，偷气更足。

张宰相用人无数，阅人无数，这偷者绝不能用，偷着偷着就会成瘾。他的本事是，一件事，可以放在肚子里三十年，不必说，不屑说，藏得这么深，难怪宰相肚里好撑船呢！

当然，仍有疑问，偷者为什么偷？是不是因为家贫的原因？就如那冉·阿让，穷得活不下去了，偷半块面包，度过眼下的困难再说。如果是和冉·阿让一样的原因，那么，千年前，大宋王朝的一个普通工作人员的命运，竟然和法国作家笔下的人物高度相似，一次偷窃，毁了一辈子的好生活。

有些错事可以原谅，有些却要一辈子偿还。

（出自宋·魏泰《东轩笔录》卷二）

闲日子如何打发

待制刘安世，晚年居住在南京。有客人这样问他：刘大人退休后，怎么打发日子呢？刘安世很严肃地回答：君子提高道德修养，扩大功业建树，只担心日子不够用，怎么能说打发呢？

古人也要退休，古人也有退休后的时间安排问题。

作家贾平凹，经常在讲演中讲这样一个例子：某老先生八十多岁了，问他健康的秘诀，他悄悄地告诉说，每年的年三十，他都要躲进房间，制定一个详细的规划，什么时间学习，什么时间锻炼，很具体，很有操作性，他说，去年的规划，已经定到 120 岁了，今年要定到 121 岁。他的观点是，把自己忘记掉，全身心投入自己想做的事情中。

刘安世不担心他的退休日子多余，他要不断地进德修业，日子反而不够用。

心不老，身体才会缓老，忘记日子，日子才会绵长。

（出自宋·徐度《却扫编》卷中）

投黑豆自警

赵康靖公,退休回到乡里居住,他家的案几上,常常放着三个器具,一个用来装黄豆,一个用来装黑豆,一个是空的。

他会经常将数颗豆子放进空器中,人们都不知道他这样做是什么意思。

有一天,和他比较亲近的人问他原因,他这样告诉对方:我平日里,脑子里有一个好念头产生,就投一颗黄豆;有一个坏念头产生,就投一颗黑豆,用来自警自省。开始的时候,黑豆多于黄豆,后来,黄豆多于黑豆,现在,好念头、坏念头都忘记了,也就不再投豆了。

我们讲修身,讲迁善改过,为的是使自己的人格更加完善。自警自省有多种方法,投壶算是别致的一种。

对于高要求的人来讲,坏的念头都不能有。因为念头是先行,是指导人们身体的总指挥,有了坏念头而又不去扼制,坏念头就会成长且壮大,一有合适的时机,就会破笼而出。

即便是违法率很高的激情犯罪,虽是一时冲动而酿,也是内心深处之坏念头所引起的。没有土壤,种子开不了花。

干脆,将坏念头扼杀,一出现就扼杀。

黑豆没有错,只是借代物,它可是很有营养价值的哦。

(出自宋·徐度《却扫编》卷中)

少一个"圣"字还了得

元朝至元年间,徐文献在陕西省做领导。

有一天,下属报来一个材料,材料上误漏了个"圣"字,徐的秘书说,这还了得,建议问罪。

徐没答应。他在材料上写了几行字:我仔细审看了你们送上来的材料,发现第一行脱了第三个字。现在将原材料发下,你们改正好,重新报上来。

当时,人们都称赞,徐是厚道的官员,不整人。

笔误经常发生,但付出的代价是不一样的。脱一"圣"字,说小就小,发回重新写一下;说大就不得了,怎么可以少了万岁呢?足可以杀头了。

历朝的文字狱,大多是鸡蛋里挑骨头,瞎联想,无中生有的居多。

20世纪50年代的苏联,政治生态严酷,报纸的正面如果是领袖像,反面都不能有不好文字。

整人者,大多心胸狭窄,用放大镜观察别人,别人身上一个缺点会被无限放大,有严重缺德者,恨不能将别人整天踩脚下,永世不得翻身,才算称了他的心。

其实,宽容别人,就是宽容自己。

设身处地,为他人着想,也算积德之一种。

难得徐文献。

(出自元·陶宗仪《南村辍耕录》卷五《厚德长者》)

性格官员吴献臣

明朝正德初年，吴献臣因为弹劾太监刘瑾，被关在午门前的大牢里一个月。后来，又被贬官。

刘太监被杀，吴被起用做了松江的同知。嘉靖初年，他官做到御史，巡抚南直隶。我（何良俊）小时候刚读书时，正好碰到吴公在松江办公，曾经有印象。

这个人身材短小，又黑又瘦，走起路来，蹦蹦跳跳，活像一只猴子。他的院子里，常常养着一些小鸡，种着瓜茄。有时正上着班，他忽然想起院子里的小鸡，或者瓜茄要浇水施肥了，就抛下公堂众人，跑去喂他的小鸡了，一会儿又急急跑来。人们都以为他有点痴呆。但是，他为官清廉，处理事情公正公道，没有人敢冒犯他。而且，他博览群书，到孔庙烧香讲书完毕，他问诸学生"五眼鸡""三脚猫"的故事，没有人能答得上来。

吴献臣做松江同知时，正好刘德滋做太守。

也有好笑的事情。

刘太守升堂完毕，各级官员都散开去，各办各的事，只有吴不离开，侧坐在府堂上。凡是太守有不恰当的地方，他当即指出批评。他身上多虱，有时与太守喝酒时,动不动从身上抓下一只虱子,放到桌子上,用唾沫将虱子一圈围起来,对着太守说:看你走到哪里去!

上面这个情节,是我的先公,亲眼看到的。

吴献臣算得上是个性格官员了,因为他有很多悖常理的事情。

但从细节上,我们还是可以读出其他有趣的信息。

其一,正直。得罪刘瑾,在刘最猖狂时,谁敢得罪他呢?卷十五载:刘掌权时,邵二泉先生与一同官,因为公事去见他。邵不知哪一句话得罪了刘,刘大怒,用手将桌子用力一拍,邵不觉蹲地,小便尿了一身。

其二,认真。他监督刘太守,也是出于正直,上级是不能随便批评的,他敢,只要你不对。另外,他对着虱子的指桑骂槐,太有意思了,似乎童言无忌。

其三,率性。上班上得好好的,忽然想起什么事,就要去做。表面是率性,实际上,我们也可以这样理解:做一个廉洁的官员,要从小事做起,自己养鸡,自己种菜,尽量减少对公共财产的占用,这样的行为不应该倡导吗?

看一个人,不可貌相,这个黑不溜秋的瘦猴,表面猥琐,却博学多知,内心十分光亮而透明。

(出自明·何良俊《四友斋丛说》卷之九)

誓俭草

元世祖思太祖创业艰难,他在所居之地挖了一株青草,放到宫殿前面石阶上的花盆中,将它命名为"誓俭草",想要子孙都铭记勤俭守业的道理。

至正年间,大司农达不花公写了首《宫词》,其中四句为:墨河万里金沙漠,世祀深思创业难。却望阑干护青草,丹墀留与子孙看。

忽必烈的做法也是别具一格。

皇帝要做一件事,且是这么有教育警示意义的事,怎么的也要好好弄一番,要拿设计方案,要出工程预算。他不,随手从住的地方,移了一株叫不出名的杂草,就这样放在子孙们要经过的宫殿前。

在忽必烈眼里,主题是节俭,办事当然要节俭了,越节俭,越能反映主旨。

杂草,只是象征物。它无名,却有生命力,随时随地都可以生长,而且生长得很好,还可以代代相传。不能不说,来自漠北草原深处的忽必烈,具有相当丰富的植物学知识,知道这种青草百代不绝,用它来象征勤俭,再恰当不过了。

为了使自己用鲜血打下的江山万代永世流传,王朝的开创者们真是费尽心机,想出各种办法警戒后代,但大多短期见效,长期失效。就元朝说,这株"誓俭草",也没享受到元朝第一百年的大好春光。

(出自清·褚人获《坚瓠集》,甲集卷之三《誓俭草》)

卷五

文章立意如金钱

阅读

书换铜器也不能吃
孙莘老读书
监狱中的阅读
张九成读书
错了敲你头
鼻端的墨迹
凿井和塑像

爱读书的宋真宗
校对如扫尘
文章立意如金钱
读雕版
强记和连读
一刻千金
历书奇迹

阅读，虽是一件很私人化的事情，但仍然显现出它的共通性。

一些有成就的人，从皇帝到平民，往往都有自己独特的阅读主张和经历：善于和古人对话（《错了敲你头》），一边读书一边喝酒（《孙莘老读书》），善于强记和连读，读历书读出第一名，爱书如命（铜器换书），注意时间的合理利用（《一刻千金》），监狱中也坚持阅读（《监狱中的阅读》）。

读书需要方法，但苦读仍然为人推崇，如张九成苦读，将地都踩陷了下去很多；李玉衡苦读雕版令人赞叹；吴汉槎鼻端的墨迹让人怜爱。

阅读没有捷径，书海无涯苦作舟。

书换铜器也不能吃

　　张文潜曾经说,现在印书盛行,而卖书的往往都是读书人。

　　有一读书人甲,将家里的钱都买了书,将要运到京城去卖。中途,他碰到了另一个读书人乙。乙看了甲的书目,很喜欢,但是没有钱买,很伤心的样子。过了一会儿,乙对甲说:我家里有一些上好的古铜器,我想将它卖掉,来买你的书。甲是个古铜器爱好者,且颇有研究,他一见乙的铜器就喜欢得不得了,连忙说:哎呀,你不用麻烦了,我给你的铜器估个值,我们俩交换吧。于是,甲用所有的书,换得乙的一些铜器,急忙返回了家里。

　　甲妻见丈夫这么快就返回了,正在惊讶,看看他的行李,只见两三只布袋里面,乒乓乱响,问清原因后,妻子大骂:你换得他这个东西,能当饭吃吗?甲毫不客气地反击:他换得我那些书,难道能当饭吃?

　　听说这件事的人,都笑得捧腹喷饭。

一个生意人，碰到了一个读书人。生意人不精通生意，读书人却懂读书。

生意人本想好好赚一笔的，因为他倾其所有，他也是爱书之人，他选的那些书，都能够卖出不错的价钱，否则不会孤注一掷，他妻子也不会同意这个买卖的。

读书人真懂书，他一看书目就喜欢上了，只是没有现钱。但他家里的那些铜器，也算祖传，为了读书，他也顾不得那么多了，卖掉弄书读。

比较搞笑的是，生意人忘记了自己的生意，又喜欢上了铜器。这就好比，一个有点志向的人，突然碰到了更好的选择，就迅速改变了原有的方向，而忘记了目的所在。

读书人真的不亏，虽然那些书不能当饭吃，但铜器也不能当饭吃，而书中自有黄金屋，自有颜如玉，读书不亏本。

倒是生意人的妻子精明，她一眼就看穿了事情的本质，不好好做生意，终究要饿肚子的，所以大骂。

那些成大事者，有好多都有特别的爱好、癖好，说不定哪一天就突然时来运转了，而读书转运的事，每天都在发生着。

（出自宋·佚名《道山清话》）

爱读书的宋真宗

处理完朝政大事后有些空余时间，宋真宗只喜欢读书。他每读完一本书，就要写诗文记录感想，还常常让身边的大臣，随他诗文的原韵或原意唱和。

他留下的作品有：《看尚书诗》三章，《看周礼》三章，《看毛诗》三章，《看礼记》三章，《看孝经》三章。

还有，《读史记》三章，《读前汉书》三首，《读后汉书》三首，《读三国志》三首，《读晋书》三首，《读宋书》二首，《读陈书》二首，《读魏书》三首，《读北齐书》二首，《读后周书》三首，《读隋书》三首，《读唐书》三首，《读五代梁史》三首，《读五代后唐史》三首，《读五代晋史》二首，《读五代汉史》二首，《读五代周史》二首。

不读书的皇帝，一定不是好皇帝，好读书的皇帝，有可能是好皇帝。

宋真宗是个守成之主，说不上太好，但绝对不算坏。他常常思接千载，和历代各位君主对话，那些经验，那些教训，足以让他警醒，他是个善于思考的皇帝。

读书的好处是不用说的，宋真宗的名言：书中自有黄金屋，书中自有颜如玉。说得实在而又动人。读书读好了，考取功名，步步升官，真正实现财务自由。所以，那些士子，一辈子都是以读书为主要目标的。

真正喜欢读书的人，大都是挤时间，没有人敢说皇帝不忙，但他却有大把时间读书写作。

史上爱读书的皇帝，应该不少，但有这么两句人人传诵的名言，却很少很少。

（出自宋·吴处厚《青箱杂记》卷三）

孙莘老读书

孙莘老喜欢读书,但晚年眼睛不好,于是就从自己带的队伍中找了两个文化程度比较高的士兵,让儿子教他们读《西汉》《左氏》等书。

然后,他就闭目坐在书房中,让这两个有文化的士兵给他读书。一个读完一节,就换一个人,在换人的中间,他很惬意地喝一杯酒,以酒佐书。士兵也很高兴,这老头还不错,这样的活干着不累,陪他读书,自己还能长不少见识!

读书,各人有各人的读法。

红袖添香,雪夜闭门,都是让人神往的读书境界。但孙莘老的读书,却有浓厚的生活味道,以酒佐书,酒味醇,书味厚,何等惬意。

其实不仅如此,孙莘老更享受他和士兵读书的互动过程。

如读《郑伯克段于鄢》,我猜测这样有趣的场面:

士兵读:初,郑武公娶于申,曰武姜,生庄公及共叔段。庄公寤生,惊姜氏,故名曰寤生,遂恶之。

停!孙莘老问士兵:郑武公几个儿子?

士兵答:两个。

孙问：叫什么名字？

士兵答：庄公、共叔段。

孙问：庄公为什么叫寤生？

士兵答：不知道。

孙哈哈大笑：就是他娘难产了，脚先出来，倒着生，差点要了他娘的命，所以他娘不喜欢他！

要是这样读下去，读个几年，那士兵，啧啧，肯定大学毕业了！

明朝顾良俊的《四友斋丛说》，卷三十三，也有这样趣味的读书场景。

苏子美很喜欢喝酒。在外舅公杜祁家里，他每晚读书，都要用一斗酒做伴读。外舅公不太相信，就这么读读书，也能喝得下一斗酒？他就派弟子，偷偷观察子美。

观察者听到，子美读《汉书·张良传》到"良与客狙击秦始皇，误中副车"，拊掌曰："惜乎，击之不中！"于是倒满一大杯喝下；又读到"始臣起下邳，与上会于留，此天以臣授陛下"，又抚案曰："君臣相遇，其难如此！"又倒满一大杯，一口喝下。

观察者回来向外舅公一一报告细节，外舅公大笑：这样读书下酒，一斗不算多啊！

昔人有云：痛饮读《离骚》，可称名士。那些痛饮者，往往天地一醉，万物同归。

有人更狂：假使我身后有名，还不如即时一杯酒！

（出自宋·叶梦得《避暑录话》卷二）

校对如扫尘

关于校书，龙图阁大学士宋次道，有这样的观点：校对书籍，就如同打扫灰尘一样，随时扫，随时都有。他家的藏书，都校对三五遍以上，所以，天下的藏书，都以他家的藏书为善本。

宋学士曾经居住在春明坊，仁宗时，士大夫喜欢读书的人，多愿意在他家边上找房子住，为的是借书方便。当时，春明坊那儿的房价租金，常常要比别的地方高出一倍。

陈叔易经常对我（朱弁）说起这件事，一说完，总是感叹：这种风气，再也看不到了啊！

先说差错。

校书如同扫灰尘，随扫随有。一千年前的观点，还是说到了校对的要害处。

无错不成书，迄今为止，世上好像还没有一本没有差错的书，书中的差错就如同那阴魂不散的鬼魂，我也是深有体会。无论哪一校，无论过了多少人，仍然有差错。

曾有杂志夸下海口，他们的杂志没有差错，不想，却是错得不少。

万分之三,有关部门规定的报纸允许差错率,法定的,这说明,差错应该有合理的存在。

再说读书。

这样认真的宋大学士,他的行为成了读书人的榜样。读书要读他家的书,因为他家的书,差错少,做人要做他那样的人,因为他是读书人的楷模。房价算什么,那都是身外之物,读好了书,什么钱啊财啊名啊,统统都有了。唉,难怪陈叔易要感叹了,在宋朝那个时候,这种风尚就没有了。

现在也有学区房的概念,好学校边上的房价要高过别的地方许多,但那是追名校,和真正的求知不完全是一回事。

无论什么时候,将读书人当作明星追捧,都是一件值得效仿的好事!

(出自宋·朱弁《曲洧旧闻》卷第四)

监狱中的阅读

杨文定在狱中十余年,家人供食,经常断粮。还因为上命不可测,说不定哪天死刑命令就会突然下达,他每天都与死亡相邻。但是,他仍然精神振作,读书不停止。

同监狱犯人劝他:你都已经这样了,随时都可能死掉,读书还有什么用呢?

杨文定回答:朝闻道,夕死可矣。就这样,五经诸子,他通读了好几遍。

后来被释放,晚年拜阁老,朝廷每有大事,文件都出自他手,这不能不说是监狱中积下的功劳。

朝闻道,夕死可矣。

这是一种学习的态度,有了这样的态度,不管什么时候,不管多大年纪,只要有时间,都要学习,直至生命的终结。

著名语言学家周有光的一半著作,都是退休以后写的。他的口头禅是:我是被上帝遗忘的人。著名作家杨绛、马识途,过了百岁仍然阅读,仍然写作。作家张贤亮,农场劳改二十二年,曾一遍遍读《资本论》,他说那是影响他一生的书。沈从文从文学转向服饰等古典器物的研究,虽和政治有关,但都是大量阅读的结果。

阅读可以让人延长生命。生命不息,阅读不止。

(出自明·何良俊《四友斋丛说》卷三十八)

文章立意如金钱

葛延之在儋耳跟苏轼一起游玩。他和苏很熟悉了,苏曾经这样教他写作:比如集市上的店铺,各种东西无所不有,却只有一样东西可以去换它,那就是钱。容易得到的是物,难得到的是钱。就文章来说,那些辞藻、事实,就是店铺里的东西,文章的立意,就是金钱。做文章,如能有立意,那么古今所有东西都能一并收纳,都能为我所用。你如果知道这个道理,就会做文章啦。

苏轼又教葛延之书法:世人写字,能大不能小,能小不能大。我则不然,胸中有个天来大字,世间纵有极大字,怎么能超过我呢?我胸中天大的字流出,要它大就大,要它小就小,随时而变。你如果知道这个道理,就会写字啦!

关于作文,有方法也没有方法。

古今名作家,常告诉我们,写文章没有方法可言,只有自己体悟。读万卷书,行万里路。半部《论语》治天下。熟读唐诗三百首。

苏轼就近比喻,极通俗,道理也浅显,只有文章的立意,才可以调动起文字部队,并使它有强大的战斗力,好立意就是好文章,犹如精锐部队。

至于立意从何来,则是另外一个大话题了。

我对书法没有研究,但感觉苏轼胸中的大字,绝非天来,他也是在临摹学习的基础上生成的,他说的是要灵活,而不应拘泥于一字一帖。

听老苏说作文写字,似乎轻松得很,其实不然,他是用轻松掩盖了背后的勤学苦练呢!

(出自宋·费衮《梁溪漫志》卷四《东坡教人作文写字》)

张九成读书

张九成侍郎,被贬南安。他的眼睛不好,只能对着光亮的地方,靠着柱子读书,一读就是十四年。时间久了,他踩的砖上,一双脚印很明显。

张九成北归后,他读书的事情被后人刻在了柱子上。

张九成，南宋绍兴二年（1132年）的状元。他生于杭州，从小被称为"神童"。为官廉洁勤政，著作较多，他是宋代儒学名家。

张读书踩出的脚印，很容易让人想到几个成语：持之以恒，恒心将砖踩出深印；滴水石穿，水滴持久的耐力也是一种冲击，终有将石滴穿的那一天；锲而不舍，金石也可镂。太多了，都是时间和耐力的结果。

张九成这样读书，一定青史留名。

在宋代罗大经的笔记《鹤林玉露》中，记述了同样的事，但没有说他眼睛害病，而是说每当拂晓时分，他便站在窗下，借着窗子照进来的光线读书，十四年坚持不断，窗下的石板上已经被踩出浅浅的脚印。

不管眼睛有没有毛病，不管踩的是石板还是砖头，我们看见的是一种精神。

这种精神，张九成的老师，著名理学大师杨时也有，杨老师就是学生的榜样。杨时有次将自己的双肘举给一个年轻后生看：我这双肘子，三十年来，就没有离开过案台，看看肘子上的老茧。

所以小时候，老师讲马克思在大英博物馆图书馆读书，水泥地上踩出脚印，我深信不疑，伟人嘛，书读得多，用功，踩出脚印是自然的事，不然他怎么写出厚厚的《资本论》呢？

我信的是一种精神，至于脚印是深深的，还是浅浅的，已经关系不大。

（出自宋·费衮《梁溪漫志》卷六《张横浦读书》）

读雕版

　　府谷的李玉衡,做管理国学档案的小文员,家贫买不起书,每天将国学经史的雕版找来读,读的时候手摸着字,一行行读过去,手指尽黑。

　　他曾和我(宋荦)一起居住在萧寺,每天只烧一顿饭。冬夜无火烤,就和老仆人一起,裹着破被子,坐着取暖。他这样贫困,且如此苦读,近年少见。终于,他成了一代大儒。

　　史上苦读的人多了,但读雕版还是第一次见到。

　　李玉衡的国学成就好像没什么记载,但不妨碍我们对他苦读精神的崇拜。

　　在国学馆工作,大约还有一点优势,书印完后的雕版堆在仓库里,如果不再版,那也就是一堆木板。读这样的书,实在有点累,且不说反着的字认起来不方便,读一块找一块,那也相当烦。不过,除了手指黑点,好处却也很明显，读反着的字，需要脑筋快速转换，说不定能够形成一种强大的记忆，因为回过头来再读太不方便，只能强记，如此，阅读效果并不差。

两个小疑问：

为什么不读印好的书？也许，有严格的纪律，馆藏孤本，不允许出借。

这么穷了，还有老仆？毕竟是官员，只是品级低了点（那里的典簿最多从九品），按常规，生活总需要人料理的。

（出自清·宋荦《筠廊偶笔》卷下）

错了敲你头

王弼注释《易经》，刻了个郑玄的木偶，见到错了的地方，就敲一下郑玄的头，并责怪几句。陆居仁读《论语》《孟子》，也刻了个朱熹的木偶，见到注释有不对的地方，也要敲一下朱熹的头，还要批评一下：朱熹，你错了！

这两个读书人，大胆如此。

哲学奇才王弼，虽然只活了二十四岁，但对中国古代哲学却有重大贡献。他的《周易注》，就是后世的样板。他对前代的经学大师郑玄，也不迷信，有错照样要纠。

朱熹的理学思想，成为后世元明清三朝的官方哲学。他的《四书章句集注》是钦定的教科书，还是科举考试的标准。面对这样的儒学大佬，士子唯有遵从。而元代名士陆居仁不这样，他读书有自己的理解，朱熹又不是圣人，哪能一点也没有差错，有差错很正常嘛。

读书贵求疑。

而王弼和陆居仁的求疑，则别具一格。这两位大师，就站在自己眼前啊，读你们的书，就是和你们在交流。你讲对了,我接受,你讲错了,我也不客气,敲一下你们的头,又怎么样,让你们也长点记性,这个地方怎么会错呢?这个地方本不应错嘛,阅读量不够,还不求甚解!

还原他们的读书场景,应该是一件很有意思的事。

倒不一定非要刻个作者的木偶,但发现阅读的错误,从心底里敲一下作者也是一种警醒。唉,自己写作,也要十分小心呀,没准比他们错得更离谱呢!

(出自清·褚人获《坚瓠集》,辛集卷之二《王陆无忌惮》)

鼻端的墨迹

林西仲年轻时嗜学,每每研究思考到深处,一整天不吃饭。夏天时,家仆将洗澡水准备好,他竟然和衣入盆,衣服全部湿透才发觉。乡里人都叫他书痴。

陈椒峰,读书到半夜,两眼都眯成一条线了,还不肯休息,每遇这种情况,他就用艾草灼臂。久而久之,他臂上结了厚厚的痂。他每次看到这个大痂,更加不敢懈怠。

吴汉槎,极喜欢读书,一目数行,然而,他是个近视眼,每次读书,鼻子上都会沾有墨迹。一起学习的同学,常常根据他鼻尖沾墨的多少,判断他读了多少书。

黄宗羲,六十多岁了还嗜学不止。每当冬夜寒冷时,他则披裹着被子,双脚搁在火炉上,手上捧着一卷书,正襟危坐。夏天炎热时,他将小灯放在帐外,隔着布帐读,虽然光线不太好,但也常常读到凌晨。

钱谦益,一目十行,老而好学,每手一卷,终日不倦。夏天夜读,蚊子叮咬,他就将两脚放进两只瓮中。

古人读书入迷,例子俯拾皆是。

洗澡忘记脱衣裤,灼臂灼得成大痂,鼻端处的墨迹,用瓮防蚊,等等。古人读书成痴,从行为上讲,都是读迷了,读深了,读透了,其他都不管不顾,顾不上。

书痴，尽管是痴，有异于常人，但形象可爱，大部分人都喜欢，虽然有人不喜欢，但读书总归是好事情。

鼻端的墨迹，吴书生最可爱了。每次必须眼凑近才能看得清，而书的质量显然有些问题，凑得近，鼻子呼出的热气，会软化墨迹，一不小心，就会沾上。但对吴书生来说，这墨香才好闻呢。年代不同的书，出版地不同的书，它们显露出的墨的气味有很大的差别。他读书多了，鼻子一闻，就知道书的印刷地。

阅读是改变无知和贫穷的终极武器，没有之一。这一点，古人看得更清，他们从制度上就设计好了。宋真宗的"书中自有黄金屋"系列名句，一直是读书人强大的精神动力，而科举制度，则使得读书人这种愿望有了实现的可能。

人不可能全知，孔圣人也是从读书开始的。所以，活到老，读到老，真不是一句高调话，而是需要实实在在践行的。

"三万六千日，每天读一点。"我为壹庐读书会写了这样一句主题词，这是仿李白的"三万六千日，夜夜当秉烛"，要持久读书。

好书太多，人生太短，将一辈子读成两辈子，书痴，实在是好的读书榜样。

（出自清·王晫《今世说》卷三《文学》）

强记和连读

历城的叶奕绳，曾说过他的读书强记之法：

每读一书，遇到所喜欢的，就抄下来。抄完，朗诵十余遍，然后，将其贴在壁间，每天一定抄十余段，少的也有六七段。再然后，合上书，去看贴在壁上的抄件，每天要看三五次，一定将其背得滚熟，一字不漏。

壁上贴满了，就将第一天贴上的揭下，放进书柜中，新读新抄的随即补贴上。随收随补，一天也不耽误。一年下来，约得三千段。数年之后，叶的肚子里已经满是经典了。

邢懋（mào）循，也说了他老师教给他的读书连号法：

初一日读一纸，次日又读一纸，并初日所读读之，三日又并初日次日所读读之。这样，每天都会增加，读到第十一天，就将第一天所读的拿掉。

每天都连读十天的内容，读了一周，其实就是读了十周。

即便是中下等的智力，也无不烂熟了。

跟一个陌生人交朋友，一两次见面，以后就是长时间的不见面，那么遗忘就会很快。如果，连续相处数天，十数天，那么留下的一定是不可磨灭的印象，连声音都不会忘记。

背英语单词，头几天，很容易忘，百分之五十地忘，随着印象不断地加深，遗忘就会减慢，再连号强记，它就会成为笔下和口中的武器。

这些，都是简单不过的生活道理。

古人功底扎实，除极少聪明人外，很多人靠的也是笨办法，和经典强行交朋友，朝夕不离，软磨硬泡。

往往，笨鸟可以先到达林子。

强记法和连号法，一个共通之处是，都是强调连续记忆，他们也暗合了"先快后慢"的现代遗忘规律。

强记连读，当然也和年纪有关系。最好的阅读时光，应该是记忆力最好的青少年时期。颜之推，在《颜氏家训》里，告诫他的子孙，二十岁以前记的东西，六十岁了，还清晰得很。

那些文字，如同我们吃下去的食物一样，都化成我们的血，我们的肉，变成我们身体所必需的营养，那么，它即便再狡猾，也断不会离你而去的！

（出自清·阮葵生《茶余客话》卷十六，《强记法》《连号法》）

凿井和塑像

宋代沈寓山作《寓简》说：凡凿井，凿大了，就不能缩小，就如削木头一样，削小了，就不能复原成大。塑像的方法，也是同样道理，眼与口，先一定要小，小了才可以增大；耳和鼻，先一定要大，大了才可以塑小。

《韩非子》早就说过："为土木，耳鼻要大，口目要小。"

这大概可以成为这种工作的标准。我（阮葵生）乡里有俗语"长木匠、短铁匠"，说的就是这个意思吧。

许多大道理，都蕴藏在普通的生活常识中。

但随着技术的进步，有些已经不是问题。比如凿井，即便凿大了，完全可以用钢筋水泥修好缩小，而现代凿井，必须先凿大，为的是牢固。

这些道理，不仅仅是日常的营建方法，还可以延伸到一切有创意的活动中去。

比如文学的创作。深入生活搜集到的素材，自然是越多越好，犹如雕刻耳和鼻，先雕个大致轮廓，琢磨透了，心里有了底，十足的底气，就可以选择素材，将素材一步步生化成作品。而成功的作品，必定来自于生活，又高于生活，但绝不是素材的堆积，而是精细的提炼。

比如慈善的过程。你将万贯家财中的大部分都散开，

用于各类慈善,犹如雕刻口目,看着你的财富少了,又少了,少到仅够过一般正常的生活,但是你却得到极多极多,内心有了极大的满足,以帮助人为欢乐,内心反而足够强大。

得和失,失和得,不能仅看表面,有时,得反而是失,有时,失反而是得,内里的反转,有着深奥的哲学关系。

结合你的阅读和实践,凿井和塑像,一定还会有不同的喻解。

(出自清·阮葵生《茶余客话》卷十八,《凿井塑像之法》)

一刻千金

我（陆以湉）家乡的陈太华，学识渊博，道德深厚，他的《惜阴说》这样说：

凡人如果以百年为期，那么，十岁以前，尚属童蒙时期，五十岁以后，又属衰退期，中间只有四十年的可用精力，而夜晚又占一半时间，岁时、伏腊、冠婚、丧祭等等事务，大致又要花费十年，这样思考，人的时间真是一刻千金啊！

关于时间，有各种算法。陈太华认为的十年，其实还要打折，每天八小时，一般人也做不到。

"三万六千日，夜夜当秉烛。"我最喜欢李白这句诗了，做阅读讲座时，总要提到它。但是即便你夜夜读书，每天一本，纵然活到一百岁，又能读多少呢？三万六千五百多本而已。

于是，有人就将时间计算成秒。秒固然小了，人可用的数字看着大了许多，可时间总是在嘀嗒间溜走，快得只剩下叹息，老大徒伤悲，基本上是常态。

一刻千金，可很多人还是看不见时间里的金黄色，宁愿躺在沙发上，刷着屏，打着游戏过日子。

（出自清·陆以湉《冷庐杂识》卷第八《垂训朴语》）

历书奇迹

沈元用将参加殿试。

有一天，在街上，他忽然发现一卖旧东西的货郎担上有一个小布书套，拿来一看，是本历书，他就花十余钱买了回来。临考前，闲着无事，他就仔细翻历书，一直读完。

没过多少时间，考试开始，没想到，廷对时的策问就是关于历法的。

元用一向对历法没有研究，一开始还有点茫然。马上，他就想起了刚刚研读过的历法书，因为是才读过，记忆犹新，对答时就很流利。

元用的回答，与标准答案非常符合。

考试全部结束，宣布结果，他得第一名。

都说考试带有偶然性，但偶然寓于必然之中。

这里的必然是，沈元用喜欢读书。如果不是对书的特殊爱好，他就不会对货郎担上的小布包注意，如果没有每天阅读的习惯，他就很可能错过。

展现在我们面前的有趣场景是：一个即将参加大考的读书人，躺在床上，百无聊赖，随手在翻一本历法，唷，读书虽然多，历法知识还是欠缺呢，而这些,好多是生活中要碰到的,还算有趣,一直读,一直读,在放松的心态下,记忆更加深刻,这本小历法书,给他留下了深深的印象。

古人对书的爱好,有时我们都无法想象。

南宋四大诗人之一的尤袤就说,吾所抄书若干卷,将汇而目之。饥读之当肉——饿的时候读抄来的经书,就好像吃肉一样,寒读之当裘——冷的时候读它就好像身上披皮衣一样,孤寂而读之当友——孤独寂寞的时候读书,就是朋友来了。

所以,喜欢阅读的有心人,他是不会放过任何一个获得知识的机会的。

(出自宋·王明清《投辖录·沈元用》)

我们来打个赌（代后记）

我们来打个赌，关于阅读方面的赌：

你如果能将一页《新华字典》上的字认全，任何一页，就算你赢，赌注你自己随便提。

哈哈，翻了一页，又一页，还翻一页，还是别翻了，都认不全，认输吧。

嗯，输了没关系，这个赌，没什么人会赢，除非专门去背诵，即便是编字典的，也不一定认得全。

我们大多数人要做的，就是多角度努力而持久地阅读，如此，才不会输得很惨。

在本书的序言里，我已经讲到阅读千年历代笔记会给我们带来的益处，这里再承接前面这个赌，说一下阅读方法。

清朝的康熙皇帝非常注重阅读。他认为，做人的首要任务就是读书和修养自身。他有很多的切身阅读体会，他认为记载书籍的文字乃是天下的宝贝："朕自幼读书，间有一字未明，必加寻绎，方是得读书真味。"

"一字未明，必加寻绎"，只要一个字不明白，一定会从多角度去弄懂弄通。其实，这种阅读方法，也不是什么登天难事，只要养成良好的习惯都可以做到。

汉语博大精深，一个字一个词组，可以有多种用法，而每一种用法都会产生不同的效果。事寓字词中，普通人掌握的也就三五千字，那些所谓博学者的识字量，不会比你多几倍，他们之所以理解力强，只是掌握了良好的方法而已。打个比方，这些字就如同你的士兵，而你这个握有几千人部队的总司令，一定要熟悉自己每一个兵的习性，否则，你就会乱指挥。

阅读历代笔记，需要了解一些字词的本义和引申义，尽管很多意思，现今已不太常用，但它们是我们理解中国传统文化的一个重要窗口。

既然说字，就举这个"字"为例吧。

这是个会意字，本义是"人在屋内生孩子"。作名词的时候，可以指代好多意思，文字、名号、凭据、书法、书信、姓氏，这个一般人都理解；作动词的时候，就很少人关注了，因为它们大量出现的古文中，怀孕（字马，怀孕的马）、生育、抚养（字而幼孩）、教育、治理、嫁人（待字闺中），都可以用，你如果识得"字"的庐山真面目，阅读就会极其轻松，且有趣。

比如常用的"腊"。作名词，腊月、腊八、腊肉；作动词，腊祭、腊会。但我们很少关注另一个音：xī，腊人，古代的官名，掌干肉的，腊（là）肉是腊月里腌制的肉，腊（xī）肉是干肉、陈肉，不一样的。你就奇怪了吧，管理干肉也算个官？是的，在古代祭祀是件大事，一直都有专门的人管理，还分天官、地官。不仅有"腊人"，还有"酒人""浆人""笾人""盐人"等。"笾人"，"笾"是古代筵席间必不可少的竹制餐具，"笾人"专门负责王室日常进餐或祭祀时笾中必须存放的食品。

再比如"武""寺""廉"，不一一细说，你自己去整理吧，几乎每一个字，都有极其复杂的来源和各种词性、用法。

"一字未明"，就一个一个地寻绎解决，积得多了，你就是文字富翁，你就有成为英明文字总司令的可能，无论作文或者说话，常会打出漂亮的胜仗。

呵，前面说的这个文字赌，你敢打吗？还是挺有趣的。

戊戌初春

杭州壹庐